STUD-BOOK

PERCHERON

DE FRANCE

TOME VINGT-TROISIÈME

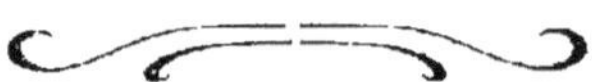

STUD-BOOK
PERCHERON
DE FRANCE

PUBLIÉ PAR LA

SOCIÉTÉ HIPPIQUE PERCHERONNE

Autorisée par le Gouvernement

SIÈGE SOCIAL

NOGENT-LE-ROTROU

(EURE-ET-LOIR)

TOME VINGT-TROISIÈME

Étalons & Juments

IMPRIMERIE-LIBRAIRIE-PAPETERIE L. HAMARD

NOGENT-LE-ROTROU

1923

Nous, soussignés, constituant le Bureau de la *Société Hippique Percheronne de France,* Société composée de tous les Étalonniers et des Éleveurs du Perche, réunis en association dans le but de conserver pure la race Percheronne, race réputée à juste titre comme donnant les meilleurs chevaux de gros trait du monde ;

Nous publions dans ce vingt-troisième volume du *Stud-Book Percheron de France* les certificats d'origine des 2.419 Étalons et 2.587 Juments que nous avons acceptés après examen minutieux et nous les déclarons corrects.

Nogent-le-Rotrou, le 31 Décembre 1923.

Le Président,

H. VILLETTE-GATÉ,

Officier de la Légion d'Honneur.

Les Vice-Présidents,

J. AVELINE, — L. AVELINE, D. JOUANNEAU, — V. TAFFOREAU.

Le Secrétaire,

E. LEMARIÉ.

Le Trésorier,

Edmond PERRIOT.

Délégués :

A. BARBET, — A. BIGNON, — A. BOUTRHY, — E. BURIN, — A. CHAPELLE, — E. COLIN, — A. DELANGE, — E. DESPREZ, — J. DUVAL, — A. FAUVELLIÈRE, — A. FEUILLARD, — R. FLEURIDA, — J. FOSSEY, — E. GASSELIN, R. GAULARD, — A. GROUAS, — A. LALLOUET, — LIROCHON, — MÉRILLON, — L. MOULIN, — Ernest PERRIOT, — E. POUPLIN, — F. SAGOT, — A. TACHEAU, — H. VALLÉE.

STUD-BOOK PERCHERON

ÉTALONS

STUD-BOOK PERCHERON

ÉTALONS

NOM	N°	ROBE	Naissance	PÈRE	MÈRE
Aalborg	157177	gris	1922	Raynouard 133959	Surcostale 138003
Aaron	159255	noir	1922	Quompromis 132021	Jugulaire 88812
Abaca	155059	noir zain	1922	Ouistreham 120076	Synovie 138425
Abaco	157180	gris	1922	Remisier 133326	Quaussade 130836
Abadie	155842	gris-fer	1922	Poison 125565	Rouquine 133868
Abaffi	157181	gris	1922	Remisier 133326	Psychose 126473
Abajour	155124	gris-foncé	1922	Ramoneur 133946	Rouille 133319
Abandon	155060	noir	1922	Stimulant 137850	Harmante 98081
Abandon	156736	gris	1922	Quadue 129371	Quontusion 130459
Abandon	158024	noir	1922	Santander 138727	Lassie 99005
Abandon	158669	noir	1922	Radeau 134903	Rançon 134902
Abandon	159774	gris	1922	Maquis 110284	Sénatrice 140012
Abandonné	155061	gris-foncé	1922	Pampelune 124878	Gabonne 73092
Abano	157182	gris-vin.	1922	Remisier 133326	Psyché 126472
Abano	159257	bai-brun	1922	Koch-ex-Kourlis 95894	Percussion 128170
Abaque	155063	noir	1922	Sanderling 136440	Oisonville 122431
Abaque	159775	gris-f.-r.	1922	Maquis 110284	Laurence 104528
Abastia	155139	gris-foncé	1922	Saleux 139360	Quoherette 129956
Abat	155064	gris	1922	Sanderling 136440	Paine 126902
Abat	158025	noir	1922	Santander 138727	Lolatte 99066
Abatis	155067	noir-zain	1922	Jouillat 88642	Maladroite 106466
Abatis	159777	noir	1922	Maquis 110284	Nudité 118141
Abatteur	158026	gris-foncé	1922	Mercy 105783	Quagée 131405
Abattoir	155069	noir	1922	Mylord 107421	Marchandeuse 107436
Abatvent	158029	gris-fer	1922	Récitateur 135287	Olivaison 122963

NOM	N°	ROBE	Naissance	PÈRE	MÈRE
Abatvoix	158670	gris-f.-f.	1922	Quaïman 129648	Quotité 131664
Abauzit	157185	noir-zain	1922	Stimulant 137850	Jaffa 88489
Abbas	157187	noir	1922	Raynouard 133959	Rotonde 134398
Abbatial	158032	gris-tr.-f.	1922	Serpentin 138275	Permie 127150
Abbatial	158667	gris-rouan	1922	Lutécien 102720	Toiture 143248
Abbatial	159778	gris-tr.-f.	1922	Maquis 110284	Poussette 128566
Abbé	155121	gris	1922	Ramoneur 133946	Maitresse 105562
Abbé	158665	gris rouan	1922	Lutécien 102720	Opulence 122556
Abbon	159260	gris	1922	Sardonien 140136	Impasse 82843
Abbot	157191	noir	1922	Komplex 91539	Poussette 124368
Abcès	158033	gris-fer	1922	Serpentin 138275	Qlochette 131831
Abdéram	156339	noir-zain	1922	Perturbateur 125648	Jocaste 83746
Abdérame	157193	gris-foncé	1922	Komplex 91539	Nitrière 114747
Abdérame	159264	gris	1922	Salasc 139347	Rigolote 135849
Abdias	157194	noir	1922	Komplex 91539	Lariche 101554
Abdomen	155337	noir	1922	Succédané 137925	Régille 133764
Abdomen	158036	noir	1922	Pilon 127251	Nauplie 146009
Abdon	157197	noir	1922	Komplex 91539	Thuringe 142009
Abducteur	155338	gris	1922	Succédané 137925	Nivelle 113022
Abducteur	158037	noir	1922	Pilon 127251	Navaille 116012
Abel	155244	gris	1922	Quaduc 129371	Raboure 133600
Abel	157198	noir	1922	Komplex 91539	Olga 68777
Abel	159274	gris	1922	Salasc 139347	Négrichonne 117657
Abélard	156737	gris	1922	Quaduc 129371	Licence 99739
Abélard	157202	noir	1922	Komplex 91539	Noue 114433
Abélard	159270	bai-cerise	1922	Salasc 139347	Esther 93489
Abelli	157203	noir-zain	1922	Komplex 91539	Quolombe 130862
Abestos	155274	gris-fer	1922	Ramoneur 133946	Rise 133467
Abezan	157207	noir	1922	Komplex 91539	Jaille 86298
Abidos	157807	noir	1922	Pampelune 124878	Pulpoire 126835
Abîme	155122	gris	1922	Strongle 138148	Pékinette 124226
Abîme	158038	gris-fer	1922	Santander 138727	Matthiale 109891
Abîme	158606	gris-f.-f.	1922	Quaïman 129648	Orgie 122487
Abîme	159779	gris	1922	Obstructif 120705	Outre 123771
Abject	158040	noir	1922	Manillon 110245	Osuna 122347
Abject	159780	noir-zain	1922	Maquis 110284	Furette 56976
Ablatif	155340	noir	1922	Quarteron 128953	Nanclée 113990
Ablatif	158041	noir	1922	Manillon 110245	Naziange 116019
Ablatif	159781	noir	1922	Kerdrain 95437	Section 140029
Ablégat	155341	gris	1922	Névrosé 113735	Suspente 138407
Ablégat	159783	gris	1922	Recteur 135313	Oseraie 123229
Ableret	155342	bai-brun	1922	Quarteron 128953	Serpentine 138337
Ablis	157808	gris	1922	Quarteron 128953	Mélodie 109336
Ablon	156127	noir	1922	Japon 84819	Nichette 115269
Abluant	155343	gris-foncé	1922	Sang 136446	Kouture 92045

NOM	N°	ROBE	Naissance	PÈRE	MÈRE
Abluant	159784	noir	1922	Recteur 135313	Nougatine 118201
Aboi	155344	noir	1922	Ouistreham 120076	Sagittaire 138389
Aboi	158044	noir	1922	Soviet 138145	Hordéine 75772
Aboi	158630	gris-fer	1922	Lutécien 102720	Kermesse 96695
Aboi	159785	gris-f.-r.	1922	Kerdrain 95437	Dorée 60801
Abolitif	158045	noir	1922	Pilon 127251	Sabine 138640
Abondant	155347	gris	1922	Sion 139143	Claudine 93397
Abondant	158047	noir	1922	Pilon 127251	Lactate 102552
Abonné	155348	noir-zain	1922	Rancart 132911	Paralipomène 126999
Abonné	158048	noir-zain	1922	Pilon 127251	Savine 138784
Abord	155350	noir zain	1922	Quissac 130271	Navigante 115644
Abord	158049	gris-foncé	1922	Reynal 132841	Opianique 120481
Abordage	156105	noir	1922	Rongetout 133602	Thessalie 140468
Abordage	158663	gris-fer	1922	Récitateur 135287	Quotidienne 131663
Abordeur	155353	bai-brun	1922	Ouistreham 120076	Mascara 109403
Abordeur	158050	gris-foncé	1922	Pantin 124490	Mirrha 106053
Abordeur	158053	gris-fer	1922	Mercy 105783	Manivelle 110252
Abortif	155354	gris-foncé	1922	Simbleau 136949	Quonsole 130410
Abortif	158051	noir	1922	Pilon 127251	Quivala 131189
Abos	157809	gris	1922	Pampelune 124878	Nocle 115440
Abot	155355	gris	1922	Simbleau 136949	Globule 70742
Abot	158054	noir-zain	1922	Pilon 127251	Palliation 127676
Abot	159789	gris	1922	Ravignan 136302	Helvetia 96848
Aboukir	157209	noir-zain	1922	Pampelune 124878	Oherville 122427
Aboukir	159273	noir	1922	Salase 139347	Serriera 139649
Abouna	155357	noir	1922	Rancart 132911	Névrose 115749
Abouna	158058	noir	1922	Mercy 105783	Jitomir 88531
About	155358	noir	1922	Rancart 132911	Jarretelle 88127
About	157210	noir	1922	Komplex 91539	Olympie 121222
About	158059	noir-zain	1922	Pilon 127251	Galva 81736
About	159275	gris	1922	Salase 139347	Navrante 117619
About	159790	gris-foncé	1922	Maquis 110284	Matte 109890
About	160022	gris	1922	Keris 93769	Isare 83036
Aboyant	156888	gris	1922	Sénat 136589	Somnolence 137623
Aboyeur	155360	noir	1922	Rancart 132911	Pasiphaé 126554
Aboyeur	158654	noir	1922	Sébastopol 138271	Nomade 116068
Aboyeur	159791	gris-rouan	1922	Québec 132753	Neigeuse 116884
Abracadabra	155362	noir	1922	Névrosé 113735	Pannonie 126964
Abraham	156124	rouan	1922	Japon 84819	Louisa 101946
Abraham	157211	noir	1922	Komplex 91539	Ossa 121292
Abraham	159276	gris	1922	Koch-ex Kourlis 95894	Palaja 126628
Abraxas	155363	noir-zain	1922	Sanderling 136440	Quiésérite 129578
Abraxas	158062	gris-foncé	1922	Pilon 127251	Objective 122783
Abraxas	159794	noir	1922	Maquis 110284	Ergoline 81745
Abrégé	155367	noir	1922	Négligent 112708	Réception 135270

NOM	N°	ROBE	Naissance	PÈRE	MÈRE
Abrégé	158652	gris fer	1922	Lutécien 102720	Quinzaine 131656
Abri	155368	gris	1922	Pampelune 124878	Quille 130909
Abri	156123	bai	1922	Lafayette 100646	Noirette 115333
Abri	156763	gris	1922	Quadricycle 128838	Halle 77073
Abri	157688	gris-foncé	1922	Quinola 130134	Nathalie 116219
Abri	158065	noir	1922	Pilon 127251	Mirette 110591
Abri	158660	noir	1922	Radeau 134903	Santonine 139051
Abricanus	155768	gris-foncé	1922	Pélissier 126603	Quachette 130065
Abricot	155176	gris	1922	Saturnien 137413	Quomédy 129046
Abricot	155370	gris-foncé	1922	Pégoud 126957	Mayo 108408
Abricot	156762	noir	1922	Quirat 128885	Quoique 129247
Abricot	158067	noir	1922	Soviet 138115	Nobelle 116428
Abricot	158671	gris-fer	1922	Radeau 134903	Nitrière 117803
Abricot	160040	gris	1922	Polus 126947	Mossamédès 107927
Abricotier	155371	noir	1922	Kalot 92507	Normale 114824
Abrivent	155373	gris-foncé	1922	Kalot 92507	Kama 92394
Abrivent	158687	noir	1922	Quaïman 129648	Série 138986
Abrouti	155374	noir	1922	Sapristi 137097	Jubilation 88072
Abrupt	155375	noir	1922	Sapristi 137097	Pâtée 124666
Abruti	155376	noir	1922	Stimulant 137850	Lacave 99907
Abruti	155694	noir	1922	Poison 125565	Porte 125256
Abruti	156760	gris	1922	Pélissier 126603	Parisienne 124492
Abruti	156863	gris	1922	Pélissier 126603	Piana 125283
Absalon	155655	gris	1922	Sorcier 136545	Nouvelle 114908
Absalon	156117	gris-rouan	1922	Lafayette 100646	Martine 108678
Absalon	157214	noir	1922	Komplex 91539	Saccade 136856
Absalon	159279	noir	1922	Quompromis 132021	Quordelle 132226
Abscisse	158071	gris-tr.-f.	1922	Pantin 124490	Rageuse 133867
Absent	155902	noir	1922	Receveur 133074	Kamelote 90680
Absent	158070	noir	1922	Pilon 127251	Septenale 138988
Absent	158607	gris-foncé	1922	Quaïman 129648	Guitare 72712
Absent	159799	gris-foncé	1922	Récitateur 135287	Nippe 118187
Absidal	155905	bai-brun	1922	Nyctalope 113635	Lascive 100580
Absidal	159800	gris-fer	1922	Récitateur 135287	Olympie 123416
Abside	155120	gris-foncé	1922	Ramoneur 133946	Kreye 91666
Absolu	155906	gris	1922	Rongetout 133602	Pirouette 125941
Absolu	158081	gris-foncé	1922	Supérieur 137000	Munia 107477
Absolu	158681	noir	1922	Muet 109445	Raconteuse 134904
Absolutisme	158620	noir	1922	Muet 109445	Pairie 127554
Absorbant	155907	gris-tr.-f.	1922	Rongetout 133602	Posture 126096
Absout	155179	gris	1922	Ramoneur 133946	Obéric 119059
Abstenu	158618	gris-tr.-f.	1922	Muet 109445	Ops 122508
Abstergent	155911	gris	1922	Nyctalope 113635	Tyrolienne 140274
Abstersif	155912	gris	1922	Nyctalope 113635	Nyssia 113366
Abstinent	155916	bai	1922	Rongetout 133602	Paromologie 124563

NOM	N°	ROBE	Naissance	PÈRE	MÈRE
Abstrait	155917	gris foncé	1922	Saumur 136404	Optation 120881
Abstrait	158084	gris-foncé	1922	Supérieur 137000	Syntaxe 138628
Abstrait	159803	gris-tr.-f.	1922	Quelot 131492	Noirceur 117000
Abstrus	155918	gris	1922	Saumur 136404	Quonscience 130404
Abstrus	158085	noir	1922	Pilon 127251	Pétronille 127194
Abus	155919	bai-brun	1922	Simbleau 136949	Kalypso 90911
Abus	158087	noir	1922	Pilon 127251	Pétrone 127193
Abus	158615	gris-fer-f.	1922	Quaïman 129648	Majuscule 110985
Abusif	155922	noir	1922	Rongetout 133602	Imminence 79729
Abusif	158088	noir	1922	Pilon 127251	Nationale 115990
Abydos	159280	gris	1922	Seythenex 139684	Liesse 101923
Abyssal	155923	gris-clair	1922	Séquoia 137376	Sonnerie 137635
Abyssal	158095	gris fer	1922	Pilon 127251	Nymphe 115167
Abyssin	158096	gris-foncé	1922	Konstal 95797	Quarantaine 131037
Abyssinien	155295	gris	1922	Rongetout 133602	Jurieuse 85055
Acabit	155298	noir	1922	Rongetout 133602	Jaqueline 85907
Acabit	158097	noir	1922	Oder 121578	Négrepelisse 116554
Acacia	155299	noir	1922	Simbleau 136949	Isolée 80486
Acacia	158098	gris-fer	1922	Pilon 127251	Laisse 103599
Acacia	159807	gris	1922	Qualot 131492	Pérégrine 128175
Académicien	155300	gris	1922	Nyctalope 113635	Parasange 124470
Académicien	156788	gris-foncé	1922	Nyctalope 113635	Quoronale 130558
Académicien	158101	gris-foncé	1922	Pilon 127251	Surette 138070
Académicien	159804	gris-foncé	1922	Strasbourg 139864	Qualandre 131443
Académus	157218	gris	1922	Komplex 91539	Kachemire 92448
Académus	159285	gris-foncé	1922	Seythenex 139684	Dragonne 59684
Acajou	155305	noir	1922	Sénat 136589	Poreuse 126065
Acajou	157670	gris-foncé	1922	Relevant 135297	Querlette 129660
Acajou	158102	noir	1922	Pilon 127251	Molardise 106055
Acapulco	157220	gris-foncé	1922	Japon 84819	Marguerite 65337
Acariâtre	156778	gris	1922	Séquoia 137376	Settise 137657
Acarien	155307	gris-foncé	1922	Rongetout 133602	Quonicine 130589
Acarus	155310	gris-foncé	1922	Simbleau 136949	Nerva 112994
Acarus	158107	gris-foncé	1922	Manillon 110245	Molleuse 109973
Accacia	155113	noir	1922	Sonnant 137627	Mimosée 106785
Accarias	157222	noir	1922	Komplex 91539	Nécropole 113654
Accent	155313	noir	1922	Rongetout 133602	Noix 113529
Accent	158707	gris-fer	1922	Lutécien 102720	Quêprière 131134
Accès	155316	noir-zain	1922	Rongetout 133602	Renoncule 133702
Accès	158710	gris-fer-f.	1922	Récitateur 135287	Obéisance 121913
Accessit	155317	noir zain	1922	Sénat 136589	Jale 84973
Accessit	158711	gris-fer	1922	Lutécien 102720	Marille 108292
Accident	155318	noir	1922	Sénat 136589	Monition 106890
Accident	155646	bai-br.-r.	1922	Pélissier 126603	Kalmée 96417
Accident	158696	noir	1922	Sébastopol 138271	Quape 131173

NOM	N°	ROBE	Naissance	PÈRE	MÈRE
Accius	159284	gris	1922	Koch-ex-Kourlis 95894	Senneville 139597
Accoinçon	158109	gris-foncé	1922	Santander 138727	Obstination 121391
Accompli	155323	gris	1922	Simbleau 136949	Normalienne 113567
Accompli	157723	gris	1922	Pneu-ex-Palestro 126523	Nébuleuse 118675
Accompli	158110	bai	1922	Santander 138727	Qolibriche 129665
Accord	156115	noir-zain	1922	Japon 84819	Maria 108733
Accord	158111	bai	1922	Sowiet 138115	Oeillette 121507
Accord	158697	gris-vin.	1922	Lutécien 102720	Jeandelize 87539
Accord	159811	gris-rouan	1922	Nicobar 118452	Julia 88800
Accord	160029	noir	1922	Polus 126947	Itéa 83403
Accordant	158114	noir	1922	Manillon 110245	Pensylvanie 127130
Accordéon	155325	noir	1922	Rongetout 133602	Nasse 112643
Accordéon	156196	noir	1922	Quirat 128885	Quadette 129607
Accordéon	158112	noir	1922	Importun 80576	Kouloire 95877
Accordeur	155326	alezan-cl.	1922	Rongetout 133602	Irène 79823
Accordeur	158116	gris-foncé	1922	Ségur 138272	Linition 100743
Accordoir	158121	gris-foncé	1922	Ségur 138272	Quapitale 131179
Accordoir	159814	gris-vin.	1922	Quayac 132444	Négligence 117703
Accort	155330	rouan	1922	Séquoia 137376	Ladresse 100575
Accort	158122	gris-fer	1922	Ségur 138272	Numide 116473
Accoloir	155332	noir-zain	1922	Nyctalope 113635	Natale 112646
Accotoir	158704	gris-fer	1922	Lutécien 102720	Pantomine 127464
Accoudoir	155335	noir	1922	Receveur 133074	Quonquête 130397
Accourt	155118	gris	1922	Saturnien 137115	Kolicq 92163
Accous	157226	noir	1922	Komplex 91539	Minorité 107872
Accous	157810	gris-foncé	1922	Récipé 135282	Qroisette 130285
Accoutreur	155381	noir	1922	Pampelune 124878	Keraia 95081
Accouveur	155382	noir	1922	Rancart 132911	Omergue 122455
Accroc	155383	noir	1922	Rancart 132911	Klaire 94951
Accroc	155650	gris-foncé	1922	Pélissier 126603	Pégoudine 125211
Accroc	158127	gris-foncé	1922	Ségur 138272	Larenardière 103621
Accroc	158700	gris-fer	1922	Lutécien 102720	Neptunienne 116904
Accrocheur	158128	gris-fer	1922	Ségur 138272	Peignée 124811
Accroupi	155385	gris-foncé	1922	Kalot 92507	Laitière 99958
Accroupi	158131	noir	1922	Importun 80576	Jacasse 87162
Accru	155386	noir	1922	Névrosé 113735	Pépinière 126968
Accubitum	158132	noir	1922	Santander 138727	Noceta 114258
Accueil	155389	gris	1922	Sénat 136589	Navarine 111765
Accueil	158133	noir	1922	Santander 138727	Quascade 131611
Accueil	158702	gris-fer	1922	Quaïman 129648	Quantine 131166
Accueil	159815	noir	1922	Strasbourg 139864	Mélusine 141059
Accusateur	155390	gris	1922	Sénat 136589	Reclusion 133140
Accusé	158135	noir	1922	Serpentin 138275	Rincette 133173
Acérain	155392	gris-clair	1922	Séquoia 137376	Quintecurce 129201
Acérain	158137	noir	1922	Récipé 135282	Pantoire 124414

NOM	N°	ROBE	Naissance	PÈRE	MÈRE
Acerbe	159817	gris-clair	1922	Récitateur 135287	Nauclée 117392
Acéré	158138	noir	1922	Serpentin 138275	Odevie 120515
Acescent	155397	gris	1922	Rongetout 133602	Pulchérie 125109
Acétate	155401	bai-brun	1922	Rongetout 133602	Lisette 57417
Acéteux	158144	noir	1922	Santander 138727	Plaie 125980
Acétol	155405	gris	1922	Rongetout 133602	Ourville 119843
Acétol	158145	gris-fer	1922	Qualot 131492	Parménide 127013
Acétomel	158146	gris-tr.-f.	1922	Pantin 124490	Sablée 139317
Acétylène	158147	alezan	1922	Importun 80576	Rebelle 63588
Aceul	158706	gris-clair	1922	Récitateur 135287	Turbulente 57045
Achab	157227	noir	1922	Komplex 91539	Maquette 105072
Achalandé	158149	gris-foncé	1922	Serpentin 138275	Ratisbonne 133758
Achantis	157228	noir	1922	Komplex 91539	Lauracée 99609
Achard	157229	noir	1922	Komplex 91539	Ovation 122185
Acharné	155407	noir	1922	Nyctalope 113635	Jovienne 85448
Achat	155410	noir	1922	Nyctalope 113635	Ourthe 119845
Achat	158153	alezan	1922	Pantin 124490	Mienne 110518
Achat	158639	gris-c.d.m	1922	Pitaud 128421	Qualifiable 130744
Achaz	157231	gris	1922	Remisier 133326	Katerine 93741
Achéron	156202	noir	1922	Quirat 128885	Katine 92689
Achéron	159288	gris	1922	Quempromis 132021	Coquette 98222
Acheteur	155411	gris	1922	Nyctalope 113635	Oursine 119846
Acheux	157811	bai	1922	Qroisy 130286	Friquette 66786
Achillas	156206	gris-foncé	1922	Pantin 124490	Oronte 120647
Achillas	159289	gris-vin.	1922	Récitateur 135287	Pépite 128160
Achille	156119	gris	1922	Ornain 119960	Madeleine 108672
Achille	156205	noir	1922	Serpentin 138275	Mérendère 110432
Achille	157428	gris	1922	Pégoud 126957	Norine 118707
Achille	158155	gris-foncé	1922	Pilon 127251	Quaféière 131394
Achille	159290	gris-clair	1922	Quempromis 132021	Kénia 96376
Achille	160035	noir	1922	Polus 126947	Mouvante 108545
Acide	155238	gris-foncé	1922	Ramassetout 133573	Piqûre 125231
Acide	158678	noir	1922	Muet 109445	Cochenille 67964
Acidifiant	155414	gris	1922	Sénat 136589	Souricière 137726
Acidulé	155417	noir-zain	1922	Nyctalope 113635	Jaffa 84796
Acidulé	156468	gris	1922	Sonnant 137627	Lyrique 99056
Acier	155420	noir	1922	Ops 121242	Kubique 91876
Acier	158158	noir	1922	Konstat 95797	Sancerre 138721
Acier	159820	gris-foncé	1922	Récitateur 135287	Sarbacane 140047
Aciéreux	158159	gris-foncé	1922	Konstat 95797	Nassandre 116558
Acinus	155421	noir	1922	Ops 121242	Prêle 126205
Acinus	158160	gris-foncé	1922	Sédillot 138826	Piérile 127244
Ackermann	159291	gris-foncé	1922	Lutécien 102720	Jacquerie 98248
Acné	156464	gris	1922	Quaduc 129371	Platine 125323
Acné	158163	noir	1922	Pilon 127251	Qualmande 131478

NOM	N°	ROBE	Naissance	PÈRE	MÈRE
Acné	159882	noir	1922	Quinaud 132720	Panetière 128636
Acollas	156207	noir	1922	Pantin 124490	Kagosina 92275
Acollas	159292	gris	1922	Lutécien 102720	Perruche 128205
Acolytat	158164	noir	1922	Pilon 127251	Raide 133797
Aco'yte	156398	noir	1922	Sauteur 137147	Nuelle 114566
Acolyte	158166	noir	1922	Sérum 136999	Perichole 127144
Acolyte	158602	gris-fer	1922	Nassau-ex-Neuilly 112606	Quenotte 131687
Acomat	156209	gris-cend.	1922	Serpentin 138275	Quaroline 130725
Acomat	159293	gris	1922	Récitateur 135287	Mercuriale 109726
Acompte	158167	noir	1922	Manillon 110245	Conchita 67918
Acompte	158603	gris fer-f.	1922	Nassau-ex-Neuilly 112606	Quopieuse 132184
Aconit	155430	noir	1922	Ops 121242	Odométrie 120189
Aconit	155814	gris foncé	1922	Qualot 131492	Oronge 120273
Aconit	157669	gris-foncé	1922	Relevant 133297	Songeuse 138847
Aconit	158169	gris-foncé	1922	Sapor 138736	Numération 115942
Aconit	158640	gris-fer	1922	Pitaud 128421	Quinola 130743
Aconit	159885	gris foncé	1922	Keris 93769	Lima 104481
Acordéon	158698	noir	1922	Sébastopol 138271	Rame 135467
Acquet	158641	noir zain	1922	Pitaud 128421	Jeannette 88667
Acquin	157812	noir	1922	Qroisy 130286	Hillarante 98608
Acquis	155431	noir	1922	Ops 121242	Cocotte 81814
Acquis	158174	noir	1922	Manillon 110245	Odeur 121493
Acquis	158612	gris-cl.-p.	1922	Klecker 95657	Sabine 138999
Acquis	159886	noir	1922	Keris 93769	Moulure 110805
Acquit	158175	gris-foncé	1922	Sénateur 138093	Saragosse 138733
Acrédit	155281	gris	1922	Sajas 139345	Mutuelle 105392
Acreté	155437	noir-zain	1922	Ops 121242	Nasalité 115392
Acridien	155432	gris	1922	Ops 121242	Hélène 81805
Acridien	158179	noir	1922	Manillon 110245	Nicomédie 116392
Acridien	159887	noir	1922	Keris 93769	Sorde 139775
Acrimonieux	155436	gris-tr.-f.	1922	Ops 121242	Anisette 57758
Acrisius	156208	noir	1922	Pantin 124490	Tiflis 142018
Acrobate	155440	gris	1922	Receveur 133074	Métastase 107788
Acrobate	155859	gris-foncé	1922	Sérum 136999	Sarriette 139734
Acrobate	156916	gris	1922	Pélissier 126603	Kalotte 97628
Acrobate	158181	gris-foncé	1922	Sapor 138736	Orphée 123757
Acrobate	158599	gris-l.-v.	1922	Nassau-ex-Neuilly 112606	Oéchalia 122591
Acrobate	159889	gris-clair	1922	Servian 138921	Lustrine 104486
Acrochecœur	155117	gris	1922	Sans-Cœur 136540	Kalipette 90386
Acrochecœur	155872	bai-cerise	1922	Saturnien 137115	Tricotte 140757
Acromion	155443	gris	1922	Receveur 133074	Suède 136667
Acromion	158188	gris-foncé	1922	Sérum 136999	Olkatte 120748
Acromion	159890	noir	1922	Keris 93769	Rapière 136243
Acrostic	155444	noir	1922	Receveur 133074	Nidine 115308
Acrostic	158189	noir	1922	Pilon 127251	Nage 116495

NOM	N°	ROBE	Naissance	PÈRE	MÈRE
Acrostic	159892	gris	1922	Koch-ex-Kourlis 95894	Parabole 128708
Acrotère	158190	gris-foncé	1922	Santander 138727	Sagette 138196
Acrotère	159893	noir	1922	Koch-ex Kourlis 95894	Rosaniline 135948
Actéon	156216	noir	1922	Roulans 134739	Ordonnée 122006
Actéon	159301	gris	1922	Sarzeau 139443	Parlotte 127855
Acteur	155712	gris-rouan	1922	Sage 138029	Clématite 131817
Acteur	158191	noir	1922	Santander 138727	Potiche 125395
Acteur	159897	noir	1922	Lédon 101823	Outarde 123855
Actif	156872	gris	1922	Serpentin 138275	Ligne 102234
Actif	158193	alezan	1922	Santander 138727	Qualifiée 131446
Actinal	158194	gris fer	1922	Konstat 95797	Harlotte 90082
Actinal	159898	gris	1922	Sardonien 140136	Licorne 104441
Actionnaire	155449	gris-foncé	1922	Ops 121242	Surdité 138006
Activant	158196	bai-foncé	1922	Importun 80576	Onique 120949
Acton	155772	gris-foncé	1922	Qualot 134492	Magdala 106094
Actuel	155453	gris	1922	Saponacé 137099	Irène 79551
Actuel	158197	gris-foncé	1922	Santander 138727	Notion 115879
Actuel	159901	noir	1922	Kéris 93769	Quenotte 132694
Acuminé	155454	noir	1922	Saponacé 137099	Palestine 125412
Acuminé	158199	noir	1922	Manillon 110245	Musette 106710
Adage	155455	gris	1922	Saponacé 137099	Spectrale 137750
Adage	158201	noir-zain	1922	Pilon 127251	Osaka 121731
Adage	158645	gris	1922	Pitaud 128421	Mecque 109690
Adage	159904	noir	1922	Ratapoil 135870	Manchotte 104922
Adagio	155456	noir	1922	Qroisy 130286	Sperkise 137754
Adagio	158202	noir	1922	Konstat 95797	Saturne 138770
Adagio	159905	gris-fer	1922	Marat 111305	Margelle 111151
Adam	155739	noir	1922	Poison 125565	Kanette 92341
Adam	156222	gris-foncé	1922	Polus 126947	Ouargla 122359
Adam	157817	bai-brun	1922	Sanderling 136440	Nickléine 115757
Adam	158344	gris-rouan	1922	Rancart 132911	Parole 127027
Adam	159310	gris	1922	Médisant 105527	Persienne 128212
Adamantin	155457	gris-tr.-f.	1922	Qroisy 130286	Keugénie 92298
Adamantin	158203	noir	1922	Pilon 127251	Seille 138829
Adamantin	159906	gris-foncé	1922	Obstructif 120705	Rapine 136163
Adamien	155460	gris-clair	1922	Séquoia 137376	Jaligny 84792
Adamien	158204	noir	1922	Pilon 127251	Nouillette 115896
Adamita	159908	noir	1922	Nicobar 118452	Qualificatrice 131692
Adamite	158205	gris-foncé	1922	Santander 138727	Sarmatie 138752
Addenda	155461	noir	1922	Quirat 128885	Nèpe 112824
Addenda	158206	gris-foncé	1922	Santos 138735	Quannerière 131515
Addenda	159909	noir	1922	Nicobar 118452	Saillie 139683
Addison	157233	noir	1922	Négligent 112708	Levana 103275
Addison	158182	gris-foncé	1922	Sapor 138736	Petra 125022
Addison	159312	gris	1922	Nichet 117897	Lucicle 102686

NOM	Nº	ROBE	Naissance	PÈRE	MÈRE
Additif	155462	gris clair	1922	Quirat 128885	Nécrose 111728
Addition	155464	gris-foncé	1922	Raynouard 133959	Quabane 130644
Adducteur	155465	gris	1922	Succédané 137925	Koopérative 93633
Adducteur	158210	gris-fer	1922	Santander 138727	Matité 109869
Adducteur	159910	gris f.-r.	1922	Nicobar 118452	Pampa 127487
Adductif	155466	gris-foncé	1922	Succédané 137925	Quaillette 130720
Adductif	158213	noir-zain	1922	Santander 138727	Raide 135043
Adelin	156360	gris	1922	Sauteur 137147	Rinçure 134166
Aden	155230	noir-zain	1922	Somerset 139183	Obreption 122799
Aden	155740	noir	1922	Poison 125565	Juroterie 86507
Adent	155467	noir	1922	Succédané 137925	Récollette 133141
Adent	158214	noir	1922	Sowiet 138115	Quamisole 131520
Adent	159912	gris-foncé	1922	Nicobar 118452	Kalmine 97610
Adepte	155469	gris-clair	1922	Saponacé 137099	Kasuistique 91179
Adepte	158219	noir-zain	1922	Pilon 127251	Hirondelle 87798
Adéquat	155470	gris	1922	Saumur 136404	Jubine 85260
Adéquat	158220	gris-fer	1922	Sowiet 138115	Laruellerie 103374
Aderno	157234	gris	1922	Pégoud 126957	Quintana 131958
Adextré	158222	noir-zain	1922	Pilon 127251	Nouvelle 115902
Adhérent	158223	noir	1922	Ségur 138272	Gripette 70433
Adhésif	155471	gris	1922	Saumur 136404	Kassure 91168
Adhésion	158227	gris-foncé	1922	Ségur 138272	Meutrière 110500
Adhoc	156425	gris	1922	Receveur 133074	Insoluble 79225
Adige	159307	gris	1922	Médisant 105527	Rognure 135950
Adipeux	155474	gris-l. r.	1922	Succédané 137925	Trévière 142283
Adipeux	158229	gris-fer	1922	Sowiet 138115	Salta 138702
Adissan	157818	noir	1922	Sapor 138736	Musette 108443
Adjacent	158232	gris-foncé	1922	Sowiet 138115	Ode 120923
Adjacent	159916	noir	1922	Marat 111305	Saulaie 140170
Adjectif	158234	noir	1922	Mordicant 140698	Tourette 142601
Adjectif	159917	gris-fer	1922	Senlis 139861	Moustachette 111202
Adjoint	155479	gris-tr.-f.	1922	Ops 121242	Promenade 126368
Adjoint	158235	noir-zain	1922	Illettré 81310	Kamel 91750
Adjoint	159918	gris	1922	Quommun 131994	Jouvencelle 88704
Adjudant	155480	gris-foncé	1922	Ops 121242	Orogénie 121014
Adjudant	156037	gris-foncé	1922	Sindia 139138	Grassette 71819
Adjudant	157714	noir	1922	Marocain 107904	Khartoum 97707
Adjudant	158236	gris-fer	1922	Malplaquet 107145	Rasse 135185
Adjudant	159919	gris-foncé	1922	Marat 111305	Obus 123699
Adjuteur	155482	noir	1922	Saumur 136404	Stramonine 137866
Adjuteur	158238	gris-foncé	1922	Malplaquet 107145	Qualamite 131440
Adjuteur	159920	gris	1922	Quommun 131994	Liseron 104354
Adjuvant	158239	noir-zain	1922	Manillon 110245	Librairie 99733
Adjuvant	159921	gris	1922	Satisfait 140153	Quinte 132612
Adjuvat	158240	gris-foncé	1922	Manillon 110245	Isle 82132

NOM	N°	ROBE	Naissance	PÈRE	MÈRE
Admirable	159922	gris	1922	Quoin 131888	Nada 116303
Admoniteur	155485	noir	1922	Saponacé 137099	Océanienne 120159
Admoniteur	158241	gris-foncé	1922	Malplaquet 107145	Scarpe 138799
Adné	155486	gris-foncé	1922	Sabreur 136429	Quordialité 130325
Adné	158242	gris-fer	1922	Malplaquet 107145	Kourtrouche 95810
Adoisier	158904	gris	1922	Soviet 138115	Toupie 143533
Adolescent	155487	gris	1922	Sabreur 136429	Hachette 78073
Adolescent	158244	noir	1922	Négligent 112708	Quandiote 131552
Adolescent	159926	gris	1922	Quoin 131888	Ombrette 122968
Adonc	158245	noir	1922	Nétlier 114919	Menuiserie 110415
Adonien	158248	gris-fer	1922	Négligent 112708	Sandaraque 138451
Adonis	155491	noir	1922	Ouistreham 120076	Quamargo 130679
Adonis	155758	gris-vin.	1922	Qualot 131492	Tempérée 140987
Adonis	157708	noir	1922	Quinola 130134	Mutine 109155
Adonis	158183	gris-foncé	1922	Sapor 138736	Recréation 135307
Adonis	158246	noir	1922	Négligent 112708	Kolombine 94078
Adonis	159319	gris	1922	Médisant 105327	Palatale 127658
Adonné	158249	noir	1922	Négligent 112708	Momie 108343
Adopté	158251	noir	1922	Négligent 112708	Saturnie 136895
Adoptif	155493	gris-foncé	1922	Succédané 137925	Sélection 136924
Adorateur	155496	bai	1922	Raynouard 133959	Majeur 105437
Adorateur	158254	noir	1922	Mordicant 110698	Modalité 110631
Ados	155497	gris	1922	Komplex 91539	Puantise 126477
Ados	158257	noir	1922	Pilon 127251	Quourcelle 131056
Adouci	155500	noir	1922	Ouistreham 120076	Karence 90823
Adouci	158259	gris-foncé	1922	Importun 80576	Igualada 82025
Adoué	158260	noir	1922	Mordicant 110698	Madelon 110440
Adour	157236	bai brun	1922	Pégoud 126957	Terrasse 142452
Adour	157820	gris noir	1922	Récipé 135282	Immanente 82236
Adragant	155501	gris	1922	Ouistreham 120076	Subite 137910
Adragant	158262	noir	1922	Mordicant 110698	Fusette 68378
Adrar	157237	gris-foncé	1922	Pégoud 126957	Méringue 108355
Adrar	159316	gris-foncé	1922	Nichet 117897	Noire 116990
Adriani	157239	noir	1922	Négligent 112708	Mère 110429
Adriani	159317	gris	1922	Sarzeau 139443	Noise 116992
Adrien	157240	bai-br.-f.	1922	Négligent 112708	Neufchelle 116574
Adrien	159310	gris	1922	Médisant 105327	Maudisette 57532
Adroit	155502	noir-zain	1922	Ouistreham 120076	Quadrirème 128851
Adroit	156045	gris-foncé	1922	Marocain 107904	Mabelle 107909
Adroit	158265	noir	1922	Mordicant 110698	Neauplette 116540
Adscrit	155503	noir	1922	Ouistreham 120076	Quintinie 128867
Adscrit	159932	gris-foncé	1922	Marat 111305	Normande 118175
Adulateur	155504	gris	1922	Raynouard 133959	Nasale 112814
Adulateur	158266	gris-foncé	1922	Mordicant 110698	Minette 110567
Adulateur	159933	gris	1922	Quommun 131994	Galère 97717

NOM	N°	ROBE	Naissance	PÈRE	MÈRE
Adulis	157241	gris-foncé	1922	Somerset 139183	Rufisque 134343
Adulte	155505	noir	1922	Receveur 133074	Modalité 106863
Adulte	158267	noir	1922	Mordicant 110698	Hirondelle 78416
Adultère	155507	gris	1922	Sénateur 138093	Ostéite 121050
Adultérin	155509	gris	1922	Stimulant 137850	Quinéville 129004
Adultérin	159934	gris	1922	Marat 111305	Ordination 124046
Aduste	158271	noir	1922	Malplaquet 107145	Omelette 121625
Adventif	159935	gris	1922	Quoummun 131994	Piastre 127736
Adverbial	159936	gris-rouan	1922	Nicobar 118452	Nacre 118435
Adversaire	155512	noir	1922	Stimulant 137850	Impalpable 80033
Aéré	158274	bai-foncé	1922	Illettré 81310	Porée 127343
Aérien	155514	gris-foncé	1922	Pégoud 126957	Rémoulade 133355
Aérien	158275	gris-foncé	1922	Illettré 81310	Négreville 116550
Aérien	159937	gris-fer	1922	Robert 136158	Haltère 97729
Aéro	157682	noir	1922	Sion 139143	Noria 114822
Aérolithe	156743	noir	1922	Oroisy 130286	Lunette 100429
Aérolithe	158279	bai	1922	Malplaquet 107145	Ithaque 97117
Aérolithe	158715	gris	1922	Rabelais 134913	Inde 82428
Aérolithe	159938	noir	1922	Maquis 110284	Nielle 117414
Aéromancien	158281	noir	1922	Néflier 111919	Lavande 104058
Aéromètre	158283	gris-foncé	1922	Juste 85878	Kilkenny 89780
Aéronef	155515	noir	1922	Pégoud 126957	Quourpière 131016
Aéronef	158285	bai	1922	Négligent 112708	Routine 134472
Aéronef	159940	gris-tr.-f.	1922	Quoin 131888	Rougette 136278
Aéroplane	155516	alezan	1922	Stimulant 137850	Localité 104649
Aéroplane	158288	noir	1922	Rancart 132911	Sésostrie 65551
Aérostat	155519	gris	1922	Succédané 137925	Hulotte 73990
Aérostat	158289	noir	1922	Rancart 132911	Quarpe 134580
Aétius	156179	noir	1922	Stellionat 137835	Quoquette 128959
Aétius	157242	gris-fer	1922	Polonais 125998	Mérode 111344
Afer	157245	noir	1922	Sapristi 137097	Nouainville 115482
Affable	157720	gris-fer	1922	Marocain 107904	Importune 80126
Affairé	155521	noir	1922	Rancart 132911	Maline 107623
Affamé	155522	noir	1922	Pégoud 126957	Hochette 77016
Affameur	155524	gris-foncé	1922	Pégoud 126957	Insipide 82376
Affameur	158292	noir	1922	Néflier 111919	Pomone 127297
Affectif	158295	noir	1922	Sérum 136999	Quintessence 131658
Affectueux	158296	gris-foncé	1922	Manillon 110245	Séleucie 138865
Affenoir	155528	gris	1922	Pégoud 126957	Lorgnette 103157
Affenoir	158299	gris-foncé	1922	Santos 138735	Syrienne 138630
Affenoir	159945	gris-foncé	1922	Marat 111305	Sasse 140147
Afférent	155529	gris	1922	Roulans 134739	Genillotte 70059
Afférent	158300	gris-fer	1922	Malplaquet 107145	Juilles 85299.
Afficheur	155531	noir	1922	Sapristi 137097	Pateline 124654
Afficheur	158301	noir	1922	Manillon 110245	Regimbeuse 135379

NOM	N°	ROBE	Naissance	PÈRE	MÈRE
Affidavit	155534	gris	1922	Saumur 136404	Intransigeante 80134
Affidavit	158303	noir-zain	1922	Manillon 110245	Gastille 104745
Affidé	158304	gris-fer	1922	Manillon 110245	Nue 114999
Affilé	158305	gris-foncé	1922	Manillon 110245	Potosi 127323
Affileur	155993	noir	1922	Nyctalope 113635	Lady 100578
Affileur	158311	noir	1922	Mordicant 110698	Koléa 89803
Affiloir	155995	noir	1922	Raynouard 133959	Quoquille 130504
Affiloir	156780	gris	1922	Simbleau 136949	Richesse 134320
Affiloir	158310	noir	1922	Nitrate 111699	Perrouse 126747
Affineur	158312	gris-fer	1922	Malplaquet 107145	Nigauderie 114977
Affiquet	155997	noir-rub.	1922	Raynouard 133959	Suite 136876
Affiquet	158313	gris-foncé	1922	Néflier 111919	Naine 116754
Affirmatif	155998	gris	1922	Saumur 136404	Spirale 137770
Affirmatif	158314	noir	1922	Néflier 111919	Quarterly 129267
Affligé	155930	gris	1922	Souvenons 136704	Nauzetupas 113380
Affluent	155999	gris-foncé	1922	Saumur 136404	Jale 84846
Affluent	158315	gris-fer	1922	Néflier 111919	Kaïnite 94818
Afflux	156000	gris	1922	Saumur 136404	Onde 119902
Afflux	158316	noir	1922	Néflier 111919	Olivaie 121596
Affolant	158317	noir	1922	Néflier 111919	Rolande 133337
Affréteur	158320	gris-foncé	1922	Sathonay 138750	Lamoche 98916
Affront	157893	gris	1922	Polus 126947	Kanne 95278
Affût	156008	gris	1922	Ops 121242	Servinière 137079
Affût	157894	noir	1922	Quissac 130271	Sultane 138508
Affûteur	156011	noir	1922	Pampelune 124878	Kadia 95207
Affutiau	156010	noir	1922	Saponacé 137099	Octave 120173
Affutiau	157895	noir	1922	Polus 126947	Ixie 81060
Afghan	156012	noir	1922	Névrosé 113735	Mesle 109426
Afghan	157896	noir	1922	Négligent 112708	Lignarde 104636
Afghanistan	157246	gris	1922	Sapristi 137697	Mercedona 107086
Afghanistan	159321	gris	1922	Médisant 105527	Surannée 139197
Afin	156013	gris-clair	1922	Saponacé 137099	Quoquette 129149
Afioume	157897	gris-foncé	1922	Polus 126947	Pétillante 125148
Afragola	157247	gris-foncé	1922	Sapristi 137097	Société 138401
Afranius	157248	gris	1922	Sapristi 137097	Pampelune 126936
Afranius	159322	bai-br.-z.	1922	Médisant 105527	Saucisse 136337
Africain	156015	gris-foncé	1922	Saumur 136404	Jumenteuse 88041
Africain	157718	noir	1922	Marocain 107904	Julienne 89398
Africain	157898	noir	1922	Quanard 131542	Groseille 131089
Africanus	159324	gris	1922	Médisant 105527	Soienolle 139742
Agaçant	156026	noir-zain	1922	Ops 121242	Pause 124753
Agadir	157172	gris	1922	Remisier 133326	Raclerie 134841
Agag	157251	gris	1922	Névrosé 113735	Sépia 137054
Agami	156021	noir	1922	Saumur 136404	Kanonnière 90730
Agami	157901	gris-foncé	1922	Polus 126947	Sologne 139173

NOM	N°	ROBE	Naissance	PÈRE	MÈRE
Agapet	157252	noir	1922	Sapristi 137097	Naucore 115623
Agar	155883	gris	1922	Souvenons 136704	Mouchette 105698
Agar	156023	noir	1922	Saponacé 137099	Rosace 134702
Agar	157256	gris	1922	Relevant 133297	Nabot 116152
Agaric	156027	noir	1922	Saponacé 137099	Léonine 100720
Agaric	157902	noir-zain	1922	Négligent 112708	Paonne 124438
Agaric	159949	gris	1922	Rococo 134245	Rapine 136262
Agassin	156028	gris-foncé	1922	Saponacé 137099	Spathe 136969
Agassin	157903	gris-noir	1922	Négligent 112708	Saluade 138448
Agassin	159950	noir	1922	Nicobar 118452	Souprosse 139435
Agassiz	157257	gris	1922	Relevant 133297	Palme 126932
Agassiz	159328	gris-bleu	1922	Scribe 138056	Fugue 98621
Agathias	157258	noir	1922	Névrosé 113735	Nuptiale 115955
Agathon	157259	gris	1922	Sapristi 137097	Nouba 114088
Agathon	159331	gris-foncé	1922	Soissonnais 139160	Modane 110066
Agavé	156029	noir	1922	Saponacé 137099	Spatule 136970
Agavé	157906	noir	1922	Négligent 112708	Quinte 131116
Agen	157260	gris	1922	Sapristi 137097	Pistole 125952
Agen	157822	noir	1922	Récipé 135282	Quorneille 130963
Agenais	155791	gris-foncé	1922	Reclus 134371	Magendie 105927
Agenais	159332	gris	1922	Médisant 105527	Nicole 117413
Agenceur	156033	gris	1922	Saumur 136404	Roquecourbe 134695
Agenceur	157907	noir	1922	Négligent 112708	Morgane 109740
Agenda	155248	gris-foncé	1922	Pélissier 126603	Sensation 136929
Agenda	156034	gris-foncé	1922	Saumur 136404	Spinale 137766
Agenda	156784	gris	1922	Séquoia 137376	Lignite 99812
Agenda	157710	bai-f.-zain	1922	Sion 139143	Mode 109194
Agenda	157908	gris	1922	Négligent 112708	Qadrille 130035
Agenda	159951	gris-foncé	1922	Marat 114305	Ravaude 136283
Agénor	157266	noir	1922	Sapristi 137097	Coquette 63486
Agénor	159335	gris-foncé	1922	Soissonnais 139160	Lointaine 102597
Agent	156035	gris-foncé	1922	Saumur 136404	Larougerie 101674
Agent	157909	bai-brun	1922	Polus 126947	Placière 125976
Agent	159954	noir	1922	Ostabat 123735	Lagune 104412
Agésilas	159337	gris-foncé	1922	Médisant 105527	Ioug 83227
Agglomérat	155557	noir	1922	Manillon 110245	Kazéine 94888
Agglomérat	157910	gris-foncé	1922	Négligent 112708	Pagny 126621
Aggloméré	157911	gris	1922	Pégoud 126957	Quassine 131149
Aggravant	157913	gris-foncé	1922	Pégoud 126957	Rapiate 135152
Agile	155558	noir	1922	Succédané 137925	Nive 113020
Agile	157914	noir-zain	1922	Névrosé 113735	Pandataria 126938
Agincourt	157823	gris-tr.-f.	1922	Sapor 138736	Nice 115412
Agio	155560	noir	1922	Succédané 137925	Nonnette 114818
Agio	157916	gris	1922	Pégoud 126957	Nécrologie 115666
Agio	159955	noir	1922	Obstructif 120705	Quintaine 132651

NOM	N°	ROBE	Naissance	PÈRE	MÈRE
Agioteur	155561	noir	1922	Quadricycle 128838	Querlette 130250
Agioteur	157917	gris	1922	Pégoud 126957	Offranville 122420
Agitateur	155563	noir	1922	Névrosé 113735	Naucelle 114494
Agnac	157824	bai-br.-f.	1922	Quarteron 128953	Belle-Image 63476
Agnan	155975	gris foncé	1922	Sonnant 137627	Magdaléna 105974
Agnano	159339	noir	1922	Médisant 105527	Misène 110055
Agneau	155108	gris-foncé	1922	Simbleau 136949	Quenouille 129077
Agneau	155565	gris-vin.	1922	Pantin 124490	Mina 107399
Agneau	155710	gris-foncé	1922	Sorcier 136545	Sécurité 138130
Agneau	155736	noir	1922	Fier-à-Bras 65250	Baignade 65200
Agneau	157920	gris	1922	Keramin 95167	Kronstadt 95225
Agneau	159956	gris	1922	Marat 111305	Orilla 124033
Agnel	155566	noir-zain	1922	Manillon 110698	Malentente 109804
Agnel	157924	gris	1922	Pégoud 126957	Narcisse 115816
Agnelet	155569	gris-foncé	1922	Manillon 110245	Ouestine 120944
Agnelet	157927	gris	1922	Pégoud 126957	Marquise 107096
Agnelin	157929	noir	1922	Quarteron 128953	Quesnardine 131130
Agnelin	159957	gris-foncé	1922	Quoin 131888	Queblette 132717
Agni	159341	bai-brun	1922	Médisant 105527	Outine 122733
Agnos	157827	gris	1922	Récipé 135282	Quorogne 130971
Agnus	155571	noir	1922	Négligent 112708	Oisive 121599
Agnus	157931	noir	1922	Quarteron 128953	Quesnardière 130995
Agobard	159342	noir	1922	Scribe 138056	Liane 98677
Agon	157828	noir-zain	1922	Récipé 135282	Salsepareille 138352
Agosta	159343	gris-clair	1922	Mercy 105783	Palme 127683
Agout	159344	bai-br.t.f.	1922	Médisant 105527	Ouanne 122729
Agouti	155575	gris-foncé	1922	Polonais 125998	Idole 82500
Agouti	157932	noir	1922	Keramin 95167	Quintine 131131
Agouti	159960	gris	1922	Nicobar 118452	Quine 132716
Agraire	158699	gris-fer	1922	Récitation 135287	Parcimonie 127543
Agram	159347	gris	1922	Mercy 105783	Laure 102071
Agrariat	157935	noir	1922	Quarteron 128953	Navette 115641
Agrariat	159961	noir-zain	1922	Nicobar 118452	Nichette 118446
Agréable	157719	noir	1922	Marocain 107904	Impense 81400
Agrée	157936	noir	1922	Quarteron 128953	Onques 119090
Agréeur	157937	noir	1922	Quarteron 128953	Quabana 129037
Agrégat	155583	noir	1922	Succédané 137925	Prouesse 126441
Agrégé	156782	gris	1922	Saurin 137137	Richomme 134322
Agrégé	159963	gris	1922	Quoin 131888	Oméga 124034
Agrément	156406	noir	1922	Rougetout 133602	Stylienne 140036
Agrès	155584	gris-foncé	1922	Quanard 131542	Ostracite 121799
Agricola	159348	noir	1922	Quompromis 132021	Osne 122710
Agriculteur	156042	gris-foncé	1922	Quarteron 128953	Nyassa 116475
Agriculteur	157943	gris	1922	Quarteron 128953	Raquette 135169
Agriculteur	159964	gris-foncé	1922	Nicobar 118452	Pivoine 128740

NOM	N°	ROBE	Naissance	PÈRE	MÈRE
Agrilus	156043	gris-foncé	1922	Pégoud 126957	Omerville 122450
Agrilus	157946	noir	1922	Quarteron 128953	Patouillarde 127069
Agrilus	159966	gris-foncé	1922	Marat 111305	Pique 128738
Agrion	156044	gris	1922	Pégoud 126957	Juliobona 88073
Agrion	157947	bai-brun	1922	Quarteron 128953	Lili 103336
Agrion	159967	noir	1922	Nicobar 118452	Nodosité 118455
Agrippa	157271	noir	1922	Sapristi 137097	Lance 100326
Agrippeur	155136	noir	1922	Saleux 139360	Quollecte 129112
Agrippeur	156047	gris	1922	Roc 132979	Noirétable 114262
Agrippeur	157948	noir	1922	Pégoud 126957	Sultane 138539
Agromane	159968	gris	1922	Quoin 131888	Sensitive 139996
Agronome	155730	gris-fer	1922	Ramassetout 133573	Nivette 113384
Agronome	157949	noir	1922	Relevant 133297	Orcanette 121987
Agronome	159969	gris	1922	Quoin 131888	Limonade 104516
Aguado	157274	gris-foncé	1922	Sapristi 137097	Quosne 430990
Aguado	159349	gris	1922	Koch-ex-Kourlis 95894	Ortale 122703
Aguesseau	157279	gris-foncé	1922	Sapristi 137097	Oronte 121452
Aguesseau	159352	gris	1922	Romand 135963	Qloque 131840
Ahan	155585	gris	1922	Sonnant 137627	Molle 106965
Ahan	157950	noir	1922	Névrosé 113735	Nébulosité 115661
Aheurté	157951	noir	1922	Relevant 133297	Olette 122435
Ahmed	155149	gris-foncé	1922	Quaduc 129371	Brillante 65545
Ahmed	157282	gris	1922	Névrosé 113735	Pubienne 126481
Ahun	157830	gris	1922	Récipé 135282	Lisière 103179
Ahuri	155587	noir	1922	Rouleau 134450	Kordre 90365
Ahuri	157952	gris-foncé	1922	Sanderling 136440	Raisme 134995
Ahuri	159970	gris	1922	Maquis 110284	Kuita 96812
Aicard	157280	noir	1922	Ouistreham 120076	Querelleuse 129133
Aicard	159354	gris-bleu	1922	Romand 135963	Couturière 52847
Aïda	156270	noir-zain	1922	Séducteur 137280	Oublieuse 119514
Aide	155588	gris	1922	Roussin 134466	Quamarilla 129440
Aideau	157954	noir	1922	Névrosé 113735	Houle 76333
Aideau	159971	gris	1922	Maquis 110284	Odyssée 124042
Aigail	155606	noir- m.-t.	1922	Nyctalope 113635	Serfouette 137396
Aigle	155590	gris	1922	Roussin 134466	Qrevasse 129965
Aigle	155672	gris	1922	Sage 138029	Québra 128788
Aigle	157959	gris	1922	Pégoud 126957	Rapsodie 135161
Aiglon	155591	gris	1922	Sauteur 137147	Tourterelle 144632
Aiglon	156038	noir	1922	Régisseur 133257	Mariane 109189
Aiglon	157284	gris	1922	Sapristi 137097	Silencieuse 136988
Aiglon	157712	noir	1922	Sion 139143	Lande 103122
Aiglon	157964	bai-brun	1922	Mylord 107421	Rareté 135172
Aiglon	159357	gris-foncé	1922	Quasson 131729	Séquanaise 138904
Aiglon	159973	noir	1922	Quoin 131888	Ritournelle 136291
Aignan	157831	noir	1922	Récipé 135282	Négoce 111920

NOM	N°	ROBE	Naissance	PÈRE	MÈRE
Aignel	155568	gris-v.-n.	1922	Serpentin 138275	Sistova 139144
Aigoual	159358	gris	1922	Quasson 131729	Nouâtre 117471
Aigre	157833	gris-foncé	1922	Négligent 112708	Panticapée 126985
Aigrefin	155598	noir	1922	Nyctalope 113635	Noise 113526
Aigrefin	159977	gris-foncé	1922	Quoin 131888	Quinte 131942
Aigremont	157834	noir	1922	Négligent 112708	Haine 76093
Aigret	159978	gris-foncé	1922	Quoin 131888	Ténébreuse 144431
Aigrin	155602	gris	1922	Séquoia 137376	Ligne 99348
Aigrin	157966	bai-brun	1922	Pégoud 126957	Pavie 127076
Aigrin	159980	gris-foncé	1922	Quoin 131888	Risette 136289
Aiguail	155604	gris-foncé	1922	Sénat 136589	Mignonne 65202
Aiguail	157967	bai-br.-f.	1922	Pégoud 126957	Nivelette 115809
Aiguillat	155607	bai-brun	1922	Nyctalope 113635	Héroïne 74804
Aiguillat	157969	noir	1922	Pégoud 126957	Martinique 108463
Aiguillat	159082	gris-foncé	1922	Quoin 131888	Rosette 135450
Aiguilleur	155608	gris	1922	Quaduc 129371	Louve 99088
Aiguilleur	157970	noir-zain	1922	Sanderling 136440	Qualvitie 131491
Aiguilleur	159983	gris	1922	Quommun 131994	Peluche 128620
Aiguillon	155613	gris	1922	Pouff 124218	Location 99783
Aiguillon	155778	noir	1922	Poison 125565	Judie 86460
Aiguillon	157285	noir	1922	Saponacé 137099	Papaïne 124441
Aiguillon	157838	noir	1922	Rancart 132911	Lisa 103046
Aiguillon	157971	noir	1922	Sanderling 136440	Bleue 59721
Aiguillon	159359	gris	1922	Quasson 131729	Pictones 124702
Aiguillon	159984	gris	1922	Quommun 131994	Hermionne 97721
Aiguillot	155615	gris	1922	Nyctalope 113635	Sarah 56567
Aiguillot	157972	noir-zain	1922	Sanderling 136440	Parallèle 127000
Aiguiseur	155616	gris	1922	Nyctalope 113635	Rogneuse 134238
Aiguiseur	157973	noir	1922	Sanderling 136440	Nice 115753
Aiguisoir	159985	gris-foncé	1922	Marat 111305	Quintaine 131943
Aikin	157286	gris-foncé	1922	Sapristi 137097	Spire 136981
Aikin	159364	noir	1922	Médisant 105527	Mangle 110234
Ail	156833	gris	1922	Pélissier 126603	Quastilla 130019
Aileron	156051	gris	1922	Séducteur 137280	Juive 84960
Aileron	157976	noir	1922	Pégoud 126957	Insensible 80290
Aileron	159986	noir	1922	Nicobar 118452	Myrtha 111234
Ailhon	157840	noir	1922	Quarteron 128953	Ilé 73739
Aillac	157847	gris	1922	Quamelot 130750	Kélary 92157
Ailleux	157850	gris-foncé	1922	Rancart 132911	Réfugiée 135360
Ailloli	156052	gris	1922	Quaillou 129642	Quaronade 131264
Ailloli	157977	gris-tr.-f.	1922	Pégoud 126957	Occidentale 120277
Ailloli	159988	gris-foncé	1922	Nicobar 118452	Lavalée 101260
Ailly	155788	gris-foncé	1922	Sabarat 139316	Pudique 125443
Ailly	157287	noir	1922	Sapristi 137097	Peptone 124972
Ailly	159365	noir	1922	Scribe 138056	Navaille 117174

NOM	N°	ROBE	Naissance	PÈRE	MÈRE
Aimable	157978	gris	1922	Névrosé 113735	Niherne 116622
Aimant	155751	gris-foncé	1922	Sabarat 139316	Kartouche 92344
Aimant	156053	noir	1922	Rouleau 134450	Source 137719
Aimant	157979	gris	1922	Névrosé 113735	Quoquinerie 130508
Aimant	159989	gris	1922	Quoin 131888	Infernale 82770
Aimant	160045	noir	1922	Polus 126947	Joie 86291
Aimantin	156057	gris-vin.	1922	Séducteur 137280	Panacée 125568
Aimantin	157982	noir-zain	1922	Sanderling 136440	Ozokérite 122211
Aimantin	159990	gris-foncé	1922	Quoin 131888	Impériale 96976
Aimard	157288	gris	1922	Sapristi 137097	Tolède 142258
Aimé	155256	gris-clair	1922	Ramoneur 133946	Simagrée 138254
Ainsi	155204	gris-foncé	1922	Quaduc 129371	Lique 99449
Ainsi	156058	gris	1922	Séducteur 137280	Klovisse 91128
Air	156059	gris	1922	Séducteur 137280	Kollaire 90344
Airain	156060	gris-foncé	1922	Séducteur 137280	Kabylie 90326
Airain	157704	noir	1922	Pégoud 126957	Olgane 122638
Airain	157984	noir	1922	Mordicant 110698	Numide 113599
Airain	159991	gris	1922	Servilly 139658	Léandre 100952
Airan	157854	noir	1922	Quissac 130271	Karoline 93018
Airateur	157113	noir	1922	Ops 121242	Opposée 120871
Airel	157855	bai-br.-f.	1922	Quissac 130271	Haussière 75803
Airion	157856	gris-tr.-f.	1922	Jouillat 88642	Osage 122327
Airoux	157857	gris	1922	Quissac 130271	Kerlédic 95230
Aisceau	156061	gris	1922	Séducteur 137280	Matrone 108142
Aisceau	157987	noir	1922	Mordicant 110698	Coquette 56580
Aisé	156063	gris	1922	Rouleau 134450	Pretintaille 125371
Aisément	156064	gris	1922	Sauteur 137147	Kamomille 90687
Aisément	157988	noir	1922	Mordicant 110698	Karène 94857
Aix	155748	gris-vin.	1922	Sabarat 139316	Kagnotte 97629
Aizac	157861	gris	1922	Quissac 130271	Néologie 115706
Ajaccio	155780	gris-foncé	1922	Poison 125565	Pilardière 126045
Ajaccio	156471	gris	1922	Quaduc 129371	Monnaie 105230
Ajaccio	157292	noir	1922	Sang 136446	Ouvrée 122180
Ajaccio	157864	gris	1922	Quissac 130271	Orpheline 122322
Ajaccio	159375	gris-foncé	1922	Scribe 138056	Résure 135687
Ajax	155099	noir	1922	Pouff 124218	Klopette 104754
Ajax	156885	gris	1922	Rongefout 133602	Quongrue 130385
Ajax	157297	gris-foncé	1922	Sapristi 137097	Quourtoise 131057
Ajax	157694	noir	1922	Sexto 137450	Marionnette 109172
Ajax	158184	gris-foncé	1922	Sapor 138736	Quamerlingue 131519
Ajax	159377	gris	1922	Mercy 105783	Solente 139745
Ajonc	156066	gris	1922	Salbry 138859	Salonique 137380
Ajonc	157990	gris	1922	Mordicant 110698	Orbitèle 119388
Ajonc	159994	gris-foncé	1922	Servilly 139658	Kerbéla 96388
Ajoupa	156069	gris	1922	Salbry 138859	Quocotte 130174

NOM	N°	ROBE	Naissance	PÈRE	MÈRE
Ajoupa	157991	gris	1922	Oder 121578	Paie 124262
Ajoupa	159995	gris-foncé	1922	Récitateur 135287	Nacaire 117514
Ajour	156071	gris-foncé	1922	Salbry 138859	Piteuse 125908
Ajouré	157992	noir	1922	Mordicant 110698	Poperinghe 127309
Ajouté	157993	noir	1922	Mordicant 110698	Patiente 127080
Ajusteur	156073	gris	1922	Salbry 138859	Lamousse 100986
Ajusteur	157994	gris	1922	Mordicant 110698	Quanaille 131536
Ajusteur	159182	gris	1922	Lutécien 102720	Ripe 135875
Ajustoir	156075	gris	1922	Salbry 138859	Hune 74238
Ajustoir	157997	gris	1922	Illettré 81310	Laque 102851
Akakia	159378	gris	1922	Keris 93769	Naine 117533
Akbar	159381	gris-foncé	1922	Keris 93769	Révolution 135789
Akkas	157298	gris-foncé	1922	Sapristi 137097	Mélia 109377
Aladin	155749	gris	1922	Qualot 131492	Nuaison 112396
Aladin	155833	gris	1922	Sérum 136999	Pache 124831
Aladin	157299	noir	1922	Sapristi 137097	Ozonée 122206
Alain	157300	noir	1922	Sapristi 137097	Ozène 122205
Alain	159386	noir	1922	Sardonien 110136	Molécule 104858
Alairac	157866	noir	1922	Quissac 130271	Montée 108396
Alais	157867	gris	1922	Kagot 92240	Indiana 98604
Alalie	159996	gris-rouan	1922	Quompromis 132021	Phrase 128285
Alambic	155187	gris	1922	Ramassetout 133573	Trilogie 141149
Alambic	155365	noir-m.t.r	1922	Pneu-ex-Palestro 126523	Onéga 124082
Alambic	156076	gris	1922	Salbry 138859	Nanterre 114124
Alambic	157999	noir	1922	Mordicant 110698	Image 81460
Alandier	158000	noir	1922	Mordicant 110698	Inactive 81942
Alapin	158002	noir	1922	Oder 121578	Régale 134286
Alarcon	157307	noir	1922	Kalot 92507	Impie 82316
Alaric	155838	noir	1922	Supérieur 137000	Ottière 120611
Alaric	157305	noir-zain	1922	Sapristi 137097	Quémandeuse 63300
Alaric	159387	gris	1922	Quinaud 132720	Surprise 139288
Alarmiste	158003	noir	1922	Mordicant 110698	Laize 97922
Albain	157163	gris	1922	Komplex 91539	Providence 126445
Albanais	156080	gris	1922	Salbry 138859	Olette 119698
Albanais	158004	gris	1922	Illettré 81310	Bertine 57394
Albani	159389	noir	1922	Koch-ex-Kourlis 95804	Tranchée 143628
Albano	155828	noir	1922	Fier-à-Bras 65250	Onézime 120745
Albano	159390	gris	1922	Servian 138921	Retorse 135715
Albany	157314	gris-foncé	1922	Ouistreham 120076	Naturalité 115617
Albaret	157872	bai-brun	1922	Négligent 112708	Oméga 122281
Albas	157873	gris-foncé	1922	Polus 126947	Konstantine 94102
Albâtre	156083	gris	1922	Salbry 138859	Quonfiture 130377
Albâtre	158005	gris-tr. f.	1922	Nitrate 111699	Merlette 110011
Albatros	156121	noir	1922	Clément 129934	Loubon 101935
Albatros	158006	noir	1922	Manillon 110245	Pairesse 127649

NOM	N°	ROBE	Naissance	PÈRE	MÈRE
Albatros	160002	gris-foncé	1922	Lutécien 102720	Lauria 104626
Albenc	157874	noir	1922	Quissac 130271	Jubine 98502
Albens	155829	gris-foncé	1922	Sapor 138736	Mousseline 63539
Albergier	156085	gris	1922	Rouleau 134450	Senteur 137338
Albergier	158008	noir	1922	Nitrate 114699	Narcéine 116765
Alberoni	157318	gris-foncé	1922	Notoire 113797	Nitouche 146151
Alberoni	159392	gris	1922	Keris 93769	Olivette 123986
Albert	156340	gris	1922	Sauteur 137147	Oursine 119059
Albert	157317	bai-brun	1922	Komplex 91539	Jumelles 86330
Albert	157878	noir	1922	Quissac 130271	Frisette 67869
Albert	159393	gris-foncé	1922	Keris 93769	Sorgue 139782
Albert	160058	noir	1922	Stimulant 137850	Labelle 103245
Alberti	157320	noir	1922	Stimulant 137850	Oemée 122238
Albertus	156408	noir-zain	1922	Pouf 124218	Noire 112129
Albertus	159401	gris	1922	Perturbateur 125648	Pite 125955
Albi	157322	noir	1922	Sang 136446	Saphirine 137096
Albi	157879	noir	1922	Quissac 130271	Nitée 114682
Albiac	157880	noir	1922	Quissac 130271	Judith 86822
Albiez	157881	gris-foncé	1922	Polus 126947	Nargue 145577
Albigny	157885	noir	1922	Quissac 130271	Gabine 71986
Albinos	155146	gris	1922	Quaduc 129371	Piffe 125151
Albinos	156086	gris-foncé	1922	Rouleau 134450	Klabaud 91042
Albinos	158009	noir	1922	Mordicant 110698	Naverne 117364
Albinos	160004	gris-foncé	1922	Récitateur 135287	Scie 139531
Albion	155111	noir	1922	Sans-Cœur 136540	Terpsichore 141511
Albon	157886	noir	1922	Quissac 130271	Qruche 131093
Albret	157323	bai brun	1922	Sang 136446	Lamaitrie 98796
Albugineux	158012	noir	1922	Malplaquet 107145	Smyrne 138597
Albugo	156087	gris-foncé	1922	Salbry 138859	Oletta 119694
Albugo	158016	gris	1922	Manillon 110245	Prison 127369
Albugo	160005	gris	1922	Quinaud 132720	Noyellette 117495
Album	156088	gris-foncé	1922	Quatalpa 129873	Sayette 137170
Album	156738	gris	1922	Quaduc 129371	Moricette 105323
Album	158015	bai-brun	1922	Manillon 110245	Sinologie 137525
Albumen	156089	noir-l.-r.	1922	Rouleau 134450	Jaffa 85462
Albumineux	156090	gris	1922	Rouleau 134450	Séparation 137348
Alby	159399	gris-foncé	1922	Roussin 134466	Politesse 125621
Alcali	156093	noir	1922	Rouleau 134450	Marbrerie 108003
Alcali	158017	noir	1922	Manillon 110245	Merlette 110445
Alcali	160008	noir-zain	1922	Récitateur 135287	Roulotte 136303
Alcalin	155618	noir	1922	Ouistreham 120076	Gouvernante 73083
Alcalin	158018	noir	1922	Mordicant 110698	Pompadour 127298
Alcaratas	155760	bai-ch.-z.	1922	Fier-à-Bras 65250	Obreptice 120739
Alcarazas	158021	noir	1922	Nitrate 114699	Lusace 103313
Alcarno	155764	gris	1922	Poison 125565	Sabate 137037

NOM	N°	ROBE	Naissance	PÈRE	MÈRE
Alcazar	157325	noir-zain	1922	Stimulant 137850	Natation 115602
Alciat	155837	gris	1922	Sérum 136999	Luronne 102710
Alciat	159404	gris	1922	Satolas 139450	Sourdrie 139841
Alcibiade	155150	noir	1922	Sonnant 137627	Louve 99764
Alcibiade	155181	noir	1922	Sonnant 137627	Seine 136361
Alcibiade	157329	noir	1922	Ouistreham 120076	Ovée 122187
Alcibiade	158185	gris-foncé	1922	Santander 138727	Nombreuse 112843
Alcide	155810	noir	1922	Sérum 136999	Odontalgie 120771
Alcool	155627	noir	1922	Saponacé 137099	Manne 107168
Alcool	155717	noir	1922	Sage 138029	Quandie 130001
Alcool	158022	gris-foncé	1922	Malplaquet 107145	Séguine 138822
Alcool	160009	noir	1922	Lutécien 102720	Polka 128770
Alcyon	155096	gris	1922	Sonnant 137627	Pléiade 124173
Alcyon	155631	noir-zain	1922	Quintanar 129223	Ogive 118867
Alcyon	158324	noir	1922	Sanderling 136440	Asturienne 60361
Alcyon	160010	gris-foncé	1922	Nicobar 118452	Nivelle 118447
Aldébaran	159408	noir	1922	Satolas 139450	Jouvence 88921
Aldéric	156351	noir	1922	Perturbateur 125648	Jérichotte 83886
Aléa	155632	noir-zain	1922	Sarcome 136375	Silène 137489
Aléatoire	155633	gris	1922	Sarcome 136375	Phénicienne 125694
Alembert	157335	bai-brun	1922	Ouistreham 120076	Karrache 91930
Alembert	159412	gris-foncé	1922	Remonteur 134855	Osaka 123468
Alençon	157889	noir	1922	Quissac 130271	Odette 122364
Alençon	158682	gris-tr.-f.	1922	Radeau 134903	Négation 116872
Alénois	156094	gris	1922	Quadue 129371	Ronce 134264
Alénois	158328	gris	1922	Polus 126947	Kehl 95401
Alénois	160011	noir	1922	Saumur 140178	Sophie 139978
Alentour	158330	noir	1922	Négligent 112708	Opérette 121681
Alep	155630	noir	1922	Rongetout 133602	Konséquence 81564
Alep	159413	noir-m.-t.	1922	Soulignac 139825	Safranée 139922
Alépinay	156472	gris	1922	Quadue 129371	Kentyne 90585
Alérion	156099	gris	1922	Ramoneur 133946	Juillette 85343
Alérion	158333	noir	1922	Manillon 110243	Hache 76261
Aléron	158331	gris-foncé	1922	Santander 138727	Qualque 131489
Aléron	160012	gris-foncé	1922	Nénuphar 117675	Kavalette 97293
Alésoir	158337	noir	1922	Pantin 124490	Octogonale 121478
Aleurite	158335	gris-foncé	1922	Illettré 81310	Lycie 103534
Alevin	156109	gris	1922	Salbry 138859	Roulade 136003
Alevin	158339	gris-tr.-cl.	1922	Polonais 125998	Queriza 123020
Alex	155194	gris-foncé	1922	Sage 138029	Koloupis 95122
Alexandre	157338	bai-brun	1922	Sapristi 137097	Nocturne 118562
Alexandre	159414	gris	1922	Soulignac 139825	Kalaurie 90883
Alexandrin	156110	gris	1922	Lichas 98731	Palante 126635
Alexandrin	158349	noir	1922	Malplaquet 107145	Kératocèle 97673
Alexis	155351	noir	1922	Supérieur 137000	

NOM	N°	ROBE	Naissance	PÈRE	MÈRE
Alexis	157342	gris	1922	Névrosé 113735	Limace 101411
Alexis	159418	noir	1922	Neigeux 112725	Olusie 131850
Alézé	156113	gris	1922	Sarcome 136375	Naufrage 111805
Alfa	156112	noir	1922	Lichas 98731	Quenoche 128979
Alfa	158352	bai	1922	Illettré 81310	Koquette 94996
Alfarabi	157343	noir	1922	Névrosé 113735	Kommotion 93109
Alfarabi	159420	bai-br.-f.	1922	Parfait 127827	Orbitale 120899
Alfred	157344	gris-foncé	1922	Kalot 92507	Sentine 137053
Alganon	156129	gris	1922	Sapor 138736	Octacorde 121433
Alganon	158353	noir	1922	Mordicant 110698	Harde 93444
Algaroth	158354	noir	1922	Mordicant 110698	Souveraine 138591
Alger	155352	gris	1922	Supérieur 137000	Naulage 113997
Alger	157345	gris-foncé	1922	Sapristi 137097	Moisson 107579
Alger	159421	noir	1922	Polonais 125998	Quour 132379
Algérien	155184	gris	1922	Sonnant 137627	Loquèle 99873
Algérien	156130	bai-marr.	1922	Sapor 138736	Rasière 135182
Algérien	158355	bai	1922	Mordicant 110698	Laperrière 103702
Algésiras	157347	gris-foncé	1922	Sapristi 137097	Sessile 138436
Algésiras	159425	gris	1922	Remonteur 134855	Nouaille 117445
Alguazil	156132	noir	1922	Succédané 137925	Jouvette 98056
Alguazil	158357	noir	1922	Mordicant 110698	Neyrolle 116603
Ali	157354	noir	1922	Saponacé 137099	Kölite 92647
Ali	159428	gris-vin.	1922	Polonais 125998	Quenouille 132625
Alibaba	157205	gris	1922	Komplex 91539	Lignette 100066
Alibaba	158677	gris-tr.-f.	1922	Muet 109445	Pulchérie 127402
Alibart	157351	noir	1922	Stimulant 137850	Nini 115624
Alibi	156133	gris-clair	1922	Quadricycle 128838	Réprimante 133675
Alibi	156879	gris-foncé	1922	Quirat 128885	Historiette 74270
Alibi	158363	gris-foncé	1922	Mordicant 110698	Naïade 117853
Alibiforain	158365	noir	1922	Mordicant 110698	Moraine 110685
Aliboron	156134	gris-foncé	1922	Saumur 136404	Provision 125144
Aliboron	156847	gris	1922	Qualot 131492	Régina 132932
Aliboron	158364	noir	1922	Mordicant 110698	Jérémiade 88245
Alicante	156135	gris	1922	Saumur 136404	Kornue 91635
Aliéné	155688	gris	1922	Sérum 136999	Nominale 112329
Aligné	158372	gris-vin.	1922	Nichet 117897	Oni'rocritie 123054
Alignoir	158373	gris-foncé	1922	Servilly 139658	Korbeille 95017
Aligny	155832	gris-foncé	1922	Poison 125565	Résiliée 134350
Aligny	159430	gris-clair	1922	Lédon 101823	Harsardeuse 77308
Alima	155112	gris-foncé	1922	Pouff 124218	Océanienne 118806
Aliment	156244	noir	1922	Nyctalope 113635	Quasanière 129812
Aliment	158374	noir	1922	Servilly 139658	Quantharide 131162
Alinéa	156251	gris	1922	Sauteur 137147	Rubace 134028
Alinéa	158376	gris-foncé	1922	Saintesprit 138197	Majolique 110174
Alios	156254	gris	1922	Roussin 134466	Kamisole 90586

NOM	N°	ROBE	Naissance	PÈRE	MÈRE
Alisé	156258	noir	1922	Séducteur 137280	Pinnule 125813
Alisier	156256	noir	1922	Séducteur 137280	Karte 90995
Alix	157357	noir	1922	Stellionat 137835	Spore 137798
Alix	158341	noir	1922	Mordicant 110698	Sentinelle 138590
Alizari	156257	gris	1922	Roussin 134466	Intensive 78672
Alizari	158380	gris-cend.	1922	Sowiet 138115	Opianine 120958
Alizarin	155928	gris	1922	Ramassetout 133573	Padilla 125408
Alizier	155934	gris	1922	Pélissier 126603	Régate 66734
Allagrador	155798	noir	1922	Reynal 132844	Orignie 120742
Allaisé	156255	gris	1922	Salbry 138859	Marmotte 108059
Allant	155884	gris-foncé	1922	Souvenons 136704	Tigne 140336
Alléa	155186	noir	1922	Ramassetout 133573	Galleine 69884
Alléchant	158384	gris-foncé	1922	Sowiet 138115	Lafosse 103469
Allègre	156261	noir	1922	Rouleau 134450	Onctueuse 118973
Allègre	158390	gris-foncé	1922	Saintesprit 138197	Oeillère 121880
Allègre	159433	noir	1922	Satolas 139450	Jaserie 89093
Allègre	160053	noir	1922	Polus 126947	Hérodiade 98345
Allégretto	158393	gris-foncé	1922	Mercy 105783	Offrande 121160
Allegri	157361	noir	1922	Sammur 136404	Romaine 134678
Allegri	159432	gris	1922	Polonais 125998	Rouleur 135985
Allégro	156266	noir	1922	Roussin 134466	Sidérose 137477
Allégro	158398	gris-fer	1922	Salase 139347	Palmette 127688
Alleluia	156436	gris	1922	Quaduc 129371	Jocaste 96924
Allemanach	155728	gris-foncé	1922	Sorcier 136545	Tabitre 140974
Alleu	155434	gris	1922	Receveur 133074	Kalonne 93876
Alleu	158400	gris-foncé	1922	Sowiet 138115	Serao 138905
Allevard	157362	gris	1922	Saponacé 137099	Proximité 126449
Allevard	159435	gris-tr.-f.	1922	Régis 134284	Indonésie 98578
Allié	158401	gris-foncé	1922	Seythenex 139684	Jarosse 87207
Allier	159439	noir-m.-t.	1922	Numéro 118563	Qaouverte 132434
Alligator	156267	noir	1922	Rouleau 134450	Kodive 90337
Alligator	156759	gris	1922	Pélissier 126603	Juniville 85857
Alligator	158402	gris-foncé	1922	Salase 139347	Qaouarde 132330
Allix	159441	gris-foncé	1922	Sabot 137038	Kalandre 93486
Allo	155593	noir	1922	Perturbateur 125648	Loge 101062
Allo	157707	noir	1922	Quinola 130134	Quivola 129517
Allobroge	158403	gris-fer	1922	Sowiet 138115	Passagère 127898
Allodial	156268	noir	1922	Rouleau 134450	Ouve 119133
Allongé	158405	gris-foncé	1922	Royal 133913	Novelle 116706
Allos	159440	noir-m.-t.	1922	Polygone 125447	Kill 97155
Alluchon	156276	gris	1922	Séducteur 137280	Lointaine 101065
Alluchon	158409	gris-fer	1922	Salase 139347	Quapae 131210
Allumeur	156278	noir	1922	Séducteur 137280	Maronite 108064
Allumeur	158410	gris-foncé	1922	Saintesprit 138197	Lisa 104190
Allumoir	158411	gris-foncé	1922	Saintesprit 138197	Nageuse 117845

NOM	N°	ROBE	Naissance	PÈRE	MÈRE
Alluvial	156140	noir	1922	Pantin 124490	Raye 133866
Alluvial	158412	gris-foncé	1922	Royal 133913	Parure 127461
Almagro	157366	gris	1922	Saumur 136404	Stibiée 137843
Almamy	156141	noir	1922	Raynouard 133959	Dépêche 63052
Almamy	158413	gris foncé	1922	Royal 133913	Régressive 135400
Almanach	156287	noir	1922	Séducteur 137280	Oblongue 118766
Almanach	158415	noir	1922	Nasseau-ex-Neuilly 112606	Illustration 79316
Aloès	155746	gris-foncé	1922	Fier-à-Bras 65250	Paraffine 124460
Aloès	156288	gris	1922	Séducteur 137280	Tourelle 141599
Aloès	158417	gris-foncé	1922	Saintesprit 138197	Régulière 135403
Aloi	156289	gris	1922	Roussin 134466	Katherine 90385
Aloi	158420	noir	1922	Saintesprit 138197	Galipette 70467
Aloir	156241	noir	1922	Perturbateur 125648	Pochetée 125529
Alors	156290	gris	1922	Séducteur 137280	Insulte 78662
Alost	157367	gris	1922	Saumur 136404	Novale 112895
Aloyau	155880	bai-chât.	1922	Supérieur 137000	Ibérie 82006
Aloyau	156280	gris	1922	Séducteur 137280	Lamette 100609
Aloyau	156293	noir	1922	Suceur 137935	Locuste 99651
Aloyau	158423	alezan	1922	Royal 133913	Sésame 138925
Alpaca	156294	noir	1922	Suceur 137935	Tourmaline 141607
Alpaga	155754	gris-fer	1922	Fier-à Bras 65250	Kame 92295
Alpaga	158422	gris-foncé	1922	Royal 133913	Réjouissance 135409
Alpenstock	156295	noir	1922	Séducteur 137280	Quassonade 128855
Alpenstock	158425	gris-foncé	1922	Royal 133913	Passagère 127474
Alpestra	156296	noir	1922	Suceur 137935	Nagoya 112528
Alpha	156298	gris-fer	1922	Remords 133354	Pavotte 125609
Alpha	158427	noir	1922	Royal 133913	Musette 107177
Alpha	160048	gris-foncé	1922	Polus 126947	Homélie 98340
Alphabet	158431	alezan	1922	Quanard 131542	Kisse 92156
Alphonse	157368	gris-foncé	1922	Saumur 136404	Poutre 126163
Alphonse	159448	gris-foncé	1922	Soulignac 139825	Méridienne 104815
Alpin	155637	gris	1922	Pélissier 126603	Alpine 54453
Alpin	156303	gris	1922	Sauteur 137147	Quastille 129862
Alpin	158432	noir	1922	Razia 133345	Membrane 110365
Alsacien	156305	gris	1922	Roussin 134466	Qlochette 130136
Altela	156450	gris	1922	Quaduc 129371	Triballe 141794
Altembourg	159452	gris-clair	1922	Polonais 125998	Minerve 111289
Altérant	155944	noir	1922	Reynal 132841	Simone 138185
Alternant	156310	gris-foncé	1922	Séducteur 137280	Mascarille 107301
Alternat	158434	gris-fer	1922	Konstat 95797	Légende 104083
Altier	156120	bai-brun	1922	Japon 84819	Javette 86966
Altier	156143	gris	1922	Roc 132979	Quoncise 130358
Altier	158438	gris-foncé	1922	Konstat 95797	Marotte 109817
Altkirch	157369	gris	1922	Qroisy 130286	Quoursive 130615
Altkirch	159453	gris-fer	1922	Numéro 118563	Pimbêche 128354

NOM	N°	ROBE	Naissance	PÈRE	MÈRE
Alto	156149	noir	1922	Sonnant 137627	Lambine 99047
Alto	157693	noir	1922	Quinola 130134	Magicienne 109217
Alto	158439	bai	1922	Konstat 95797	Pristina 127375
Alto	160025	gris-f.-r.	1922	Soudard 137672	Sophie 138841
Altorf	157372	noir	1922	Stellionat 137835	Menue 107749
Altorf	159455	gris-clair	1922	Numéro 118563	Mirabelle 111384
Aludel	156150	gris	1922	Sonnant 137627	Sarcophage 137119
Aludel	158442	gris-foncé	1922	Royal 133913	Province 127392
Alumineux	156152	noir	1922	Komplex 91539	Pastèque 124643
Alumineux	158443	gris fer	1922	Quintus 130450	Quapture 131204
Aluminium	156153	gris-vin.	1922	Receveur 133074	Orobanche 119322
Aluminium	158444	noir	1922	Saintesprit 138197	Jonquières 88585
Alumnat	156154	noir	1922	Qroisy 130286	Névrite 113083
Alumnat	158445	gris-foncé	1922	Royal 133913	Rouge 135416
Alun	155535	gris-foncé	1922	Sans-Cœur 136540	Qualeite 129678
Alun	155870	noir	1922	Sorcier 136545	Sainte 136387
Alun	156155	gris	1922	Pampelune 124878	Metodite 109313
Alun	158446	gris-cend.	1922	Salase 139347	Korrallie 95013
Aluneux	156314	gris	1922	Sarcome 136375	Patronnesse 124727
Aluneux	158453	gris-foncé	1922	Royal 133913	Huisserie 75794
Alvarado	157373	noir	1922	Saponacé 137099	Lasaurie 101746
Alvarado	159458	gris	1922	Soulignac 139823	Kasbah 97221
Alvéolé	158458	gris-foncé	1922	Quintus 130450	Intrépide 93448
Alvin	156315	noir	1922	Simbleau 136949	Oche 121140
Alvin	158459	noir	1922	Mercy 105783	Picrate 128313
Alvinzy	159459	gris	1922	Neigeux 112725	Farfadette 68034
Alzon	155116	gris	1922	Sonnant 137627	Pêche 124776
Alzon	157374	gris-foncé	1922	Simbleau 136949	Nutrition 112525
Amadis	157375	noir	1922	Quadricycle 128838	Koquotte 91641
Amadis	159461	gris	1922	Numéro 118563	Pipérine 128393
Amadou	155660	gris-foncé	1922	Pélissier 126603	Japonne 85989
Amadou	155815	gris	1922	Qualot 131492	Oignonade 121544
Amadou	155846	gris-foncé	1922	Ramoneur 133946	Pécheresse 125159
Amadou	156316	gris	1922	Simbleau 136949	Opérette 119143
Amadou	158464	gris-fer	1922	Sérum 136999	Patelle 124667
Amadoueur	156318	gris	1922	Remords 133354	Larague 100900
Amadoueur	158466	gris-foncé	1922	Sérum 136999	Phylinte 125024
Amadouvier	158469	noir	1922	Sérum 136999	Génésique 69689
Amalti	159462	gris-foncé	1922	Numéro 118563	Orvillette 123712
Amalgameur	158470	gris-foncé	1922	Sérum 136999	Oke 120723
Amalric	159466	gris-foncé	1922	Polonais 125998	Ninive 118624
Aman	156325	noir	1922	Roussin 134466	Kénia 93934
Aman	157378	noir	1922	Sonnant 137627	Soumission 137695
Aman	158472	gris-foncé	1922	Reynal 132841	Qlique 131824
Aman	159468	noir-zain	1922	Ombon 121608	Marine 111338

NOM	N°	ROBE	Naissance	PÈRE	MÈRE
Amand	157380	noir	1922	Simbleau 136949	Privauté 126318
Amandier	156326	gris	1922	Sauteur 137147	Rustique 62130
Amandier	158473	gris-foncé	1922	Reynal 132841	Obsidionale 122819
Amant	155109	gris-foncé	1922	Qroisy 130286	Quoronille 130560
Amar	157379	gris	1922	Regrattier 133261	Orangeade 119142
Amar	159470	gris-fer	1922	Neigeux 112725	Lisière 103863
Amarenty	155936	gris-fer	1922	Pélissier 126603	Gaduine 69900
Amari	157381	gris	1922	Simbleau 136949	Ourale 119856
Amas	156330	gris	1922	Sauteur 137147	Gasconade 69571
Amasias	157383	gris	1922	Quaduc 129371	Noirceur 113524
Amasias	159471	alezan	1922	Neigeux 112725	Rachel 135528
Amasseur	158478	noir	1922	Supérieur 137000	Lisette 69104
Amateur	157627	gris-rouan	1922	Négligent 112708	Kyrielle 93070
Amateur	158481	gris-foncé	1922	Razia 133345	Outre 121756
Amati	157382	noir	1922	Simbleau 136949	Rapière 132937
Amaury	159474	gris	1922	Polonais 125998	Mendoza 111247
Ambala	159475	gris-foncé	1922	Neigeux 112725	Moule 110801
Ambassadeur	158487	noir	1922	Razia 133345	Lamette 103631
Ambazac	159476	bai-br.-f.	1922	Neigeux 112725	Nanette 118645
Amberg	159477	gris-f-vin.	1922	Polonais 125998	Ida 82866
Ambérieu	159478	noir	1922	Polygone 125447	Kita 97146
Ambert	155775	noir	1922	Fier-à-Bras 65250	Risoréine 133846
Ambert	157391	noir	1922	Lichas 98731	Sciara 137205
Ambesas	158488	noir	1922	Razia 133345	Loliacée 102601
Ambigu	156343	alezan	1922	Simbleau 136949	Longe 101072
Ambigu	158489	gris-foncé	1922	Razia 133345	Lasalle 101628
Ambiorix	157390	gris	1922	Succédané 137925	Silice 137497
Ambitieux	156344	noir	1922	Simbleau 136949	Invitation 80566
Ambitieux	158490	gris-foncé	1922	Razia 133345	Laitance 101693
Ambitieux	158493	gris foncé	1922	Quaïman 129648	Négatoire 116873
Ambleur	156345	gris	1922	Perturbateur 125648	Pile 125776
Ambon	156346	gris	1922	Perturbateur 125648	Coquette 53906
Ambon	158494	noir-zain	1922	Quaïman 129648	Puisaye 127401
Ambré	156347	gris	1922	Sénat 136589	Rigolade 134150
Ambroise	157389	gris	1922	Lichas 98731	Marotte 106435
Ambroisy	155834	gris	1922	Sérum 136999	Cornillère 63688
Ambrosien	156349	gris	1922	Roussin 134466	Novacelle 114545
Ambrosien	158496	gris-foncé	1922	Quaïman 129648	Monnaie 110655
Ambulancier	156352	gris	1922	Roussin 134466	Liste 100781
Ambulant	156356	gris	1922	Suceur 137935	Klarinette 91063
Ambulant	158503	gris	1922	Razia 133345	Peyrille 126769
Amelot	159484	gris fer	1922	Quoiffeur 130263	Quimperlette 132411
Amen	156308	gris	1922	Salbry 138859	Kouteuse 90600
Amer	155245	noir	1922	Quaduc 129371	Scottish 136652
Amer	155924	noir-zain	1922	Sapristi 137097	Quomble 130857

NOM	N°	ROBE	Naissance	PÈRE	MÈRE
Amer	156361	gris	1922	Roussin 134466	Obstination 118781
Amer	158506	noir-zain	1922	Quanard 131542	Quapèleuse 131186
Améric	157395	gris	1922	Sénateur 138093	Louisiane 104655
Américain	155782	noir	1922	Sabarat 139316	Malte 105916
Américain	156362	gris	1922	Sauteur 137147	Latone 100919
Américain	158505	noir	1922	Quanard 131542	Tarasque 142964
Amerpicon	155162	gris-foncé	1922	Quaduc 129371	Quintilienne 129226
Ami	155783	gris	1922	Poison 125565	Ronde 132774
Ami	158508	noir	1922	Quanard 131542	Saltation 139085
Ami	160043	noir	1922	Marocain 107904	Hève 98343
Amiantin	156367	gris	1922	Roussin 134466	Mâture 108149
Amiantin	158509	gris-fer-f.	1922	Razia 133345	Négresse 112144
Amical	155212	gris-foncé	1922	Savonneux 137163	Quscute 129339
Amical	156368	noir	1922	Roussin 134466	Ronelle 134431
Amical	157671	gris-clair	1922	Relevant 133297	Ramonette 134941
Amical	158511	gris	1922	Quanard 131542	Rapsodie 134931
Amici	157396	noir	1922	Pampelune 124878	Kachine 91228
Amict	158512	gris-foncé	1922	Quanard 131542	Monade 110015
Amidon	156369	gris	1922	Sauteur 137147	Qladone 129908
Amidon	158515	gris-foncé	1922	Razia 133345	Pydna 127419
Amiens	155813	noir	1922	Soviet 138115	Légitime 97938
Amiens	155860	noir	1922	Supérieur 137000	Oléine 120411
Amiens	157424	gris	1922	Rongetout 133602	Konette 91326
Amilcar	155106	noir	1922	Sonnant 137627	Plainte 125981
Amilcar	156232	noir	1922	Perturbateur 125648	Nogentaise 114172
Amilcar	157425	gris	1922	Ouleux 121183	Palière 126640
Amiral	155277	gris-foncé	1922	Roc 132979	Pelote 125046
Amiral	156372	bai	1922	Roussin 134466	Kératocèle 89707
Amiral	158516	gris-clair	1922	Quanard 131542	Nécrologie 116860
Amiralat	156377	gris	1922	Roussin 134466	Oxygénation 119604
Amiralat	158518	noir	1922	Quaiman 129648	Péluse 127112
Amiralex	156378	noir	1922	Roussin 134466	Oréade 121252
Amis	157426	gris	1922	Polus 126947	Qruseille 131098
Amiteux	156354	gris	1922	Nyctalope 113635	Niobé 116420
Amman	156373	noir	1922	Roussin 134466	Orseille 119456
Amman	158520	noir-zain	1922	Quaiman 129648	Nécromancie 117633
Ammanati	157427	gris-foncé	1922	Santos 138735	Plantade 127270
Ammi	156380	gris	1922	Sauteur 137147	Plucheuse 125923
Ammi	158526	gris foncé	1922	Radeau 134903	Querelle 131699
Ammocète	158527	gris-foncé	1922	Radeau 134903	Querella 131698
Ammoniac	156383	gris	1922	Roussin 134466	Nuce 114561
Ammoniac	158528	gris	1922	Radeau 134903	Orobe 121805
Amnios	156384	gris	1922	Sauteur 137147	Jugeotte 84905
Amnios	158529	gris-foncé	1922	Radeau 134903	Monarchie 110020
Amodiateur	158530	gris	1922	Radeau 134903	Oronge 121806

NOM	N°	ROBE	Naissance	PÈRE	MÈRE
Amont	155280	gris	1922	Sans Cœur 136540	Piane 125716
Amont	158531	gris	1922	Quanard 131542	Rosette 57466
Amorceur	156385	bai	1922	Perturbateur 125648	Colinette 47721
Amorceur	158532	gris-foncé	1922	Quanard 131542	Comtesse 93416
Amoroso	156386	gris	1922	Roussin 134466	Paponnette 125552
Amoroso	158536	noir	1922	Ouleux 121183	Sapine 139091
Amour	158538	noir-zain	1922	Quanard 131542	Silésie 138962
Amour	160049	gris-foncé	1922	Polus 126947	Korniche 93153
Amoureux	158539	noir	1922	Kalidun 95297	Finette 84539
Amoureux	160046	bai	1922	Polus 126947	Liburnie 103025
Ampère	155287	gris	1922	Ramassetout 133573	Ortie 119189
Ampère	156390	gris	1922	Séducteur 137280	Scolarité 137224
Ampère	157432	noir	1922	Néflier 111919	Sécante 137259
Ampère	157681	gris-foncé	1922	Sion 139143	Lucine 102386
Ampère	158186	noir	1922	Santander 138727	Neinette 113074
Ampère	158540	gris-fer-f.	1922	Kalidun 95297	Silhouette 138963
Amphigouri	156391	gris	1922	Séducteur 137280	Cabale 68671
Amphigouri	158541	gris	1922	Quanard 131542	Nézelle 146604
Amphion	157433	noir	1922	Néflier 111919	Onéreuse 121657
Amphioxus	156392	gris	1922	Séducteur 137280	Quatadoupe 129869
Amphioxus	158543	bai	1922	Quanard 131542	Quargue 131248
Amphitryon	156393	gris	1922	Suceur 137935	Quastagnette 129861
Amghitryon	157434	gris-foncé	1922	Néflier 111919	Pénélope 65217
Amplectif	158546	gris-fer	1922	Récitateur 135287	Ration 135464
Ampliateur	158545	gris-clair	1922	Récitateur 135287	Sente 139107
Ampliatif	156395	gris	1922	Roussin 134466	Matité 108147
Ampoulé	156399	gris	1922	Sauteur 137147	Ripopée 134182
Amulius	157437	gris	1922	Mordicant 110698	Insertion 79907
Amurat	157438	noir	1922	Néflier 111919	Numance 115158
Amusant	155761	noir	1922	Poison 125565	Quache 129383
Amusant	158553	noir	1922	Juste 85878	Neige 116057
Amuseur	156401	gris	1922	Ramassetout 133573	Lamine 97878
Amuseur	158548	gris	1922	Nasseau-ex-Neuilly 112606	Lascelle 104632
Amygdalin	156404	bai-marr.	1922	Souvenons 136704	Jarville 85309
Amylacé	158556	gris-fer-f.	1922	Juste 85878	Résidence 133721
Amylène	158557	noir	1922	Juste 85878	Illétrée 78851
Amyntas	157439	noir-zain	1922	Néflier 111919	Nérite 115724
Amyot	157440	noir	1922	Néflier 111919	Quarantaine 131106
Amyot	159495	gris-foncé	1922	Neigeux 112725	Questorienne 132537
Anacardier	158559	noir	1922	Quanard 131542	Nance 115200
Anacharsis	159496	gris	1922	Remonteur 134855	Nance 117331
Anachorète	158562	gris	1922	Razia 133345	Nourrice 115898
Anaclet	157442	gris	1922	Ouleux 121183	Lagrave 102003
Anaclet	159499	gris	1922	Lédon 101823	Hékla 77818
Anacréon	159501	gris-foncé	1922	Polonais 125998	Renée 135329

NOM	N°	ROBE	Naissance	PÈRE	MÈRE
Anadyr	159502	noir	1922	Polonais 125998	Isabeau 81226
Anal	158565	noir	1922	Razia 133345	Narbonne 114481
Ananas	156407	noir	1922	Sonnant 137627	Lancéole 100620
Ananas	158569	noir	1922	Juste 85878	Morale 110687
Anarchiste	156416	noir	1922	Nyctalope 113635	Nieppe 114227
Anas	158572	noir	1922	Quanard 131542	Milanière 110537
Anastase	156230	gris	1922	Sonnant 137627	Nivernaise 113498
Anastome	158573	gris-fer	1922	Razia 133345	Nette 116099
Anathème	155101	gris-foncé	1922	Pouff 124218	Promise 124220
Anathème	158574	gris-fer	1922	Quanard 131542	Pharnace 127198
Anatole	156236	gris	1922	Pouff 124218	Nautlette 114177
Anatole	157450	noir	1922	Kalidun 95297	Kamisole 94041
Anatole	159504	noir-zain	1922	Strasbourg 139864	Neurologie 117876
Anatole	159725	gris	1922	Sanjon 138765	Prairie 125369
Anatole	160033	gris	1922	Polus 126947	Mouvette 108541
Anatrope	156423	gris	1922	Quaduc 129371	Saboureau 136580
Ancelot	157454	gris	1922	Qrédit 130005	Nouka 115140
Ancelot	159506	gris	1922	Strasbourg 139864	Junte 87496
Ancestral	158575	bai	1922	Oder 121578	Peyremale 126766
Anchilops	158576	gris-fer	1922	Quanard 131542	Koquille 95005
Anchois	158577	gris-fer	1922	Razia 133345	Tremblade 142864
Ancien	155703	gris	1922	Sérum 136999	Panasserie 127718
Ancien	156440	gris	1922	Saurin 137137	Sotte 137653
Ancien	158578	gris-fer	1922	Oder 121578	Syrte 139310
Ancile	156442	gris	1922	Saurin 137137	Nauclée 112672
Ancile	158580	gris-foncé	1922	Quaiman 129648	Hébé 78296
Andabate	158581	gris-fer-f.	1922	Muet 109445	Palanche 126591
Andain	156448	gris	1922	Sonnant 137627	Janvière 85238
Andain	158582	gris-fer-f.	1922	Quaiman 129648	Passerage 124897
Andalou	156449	gris	1922	Saurin 137137	Qrête 130242
Andalou	158584	noir	1922	Radeau 134903	Plage 128437
Andanté	158586	gris-foncé	1922	Lutécien 102720	Risée 135879
Andantino	156458	gris	1922	Nyctalope 113635	Oppedette 122653
Andantino	158588	noir	1922	Nassau-ex-Neuilly 112606	Odette 123915
Andelot	157458	noir	1922	Ouleux 121183	Musette 108904
Andelot	159514	gris-foncé	1922	Nérac 112728	Pastille 128414
Andelys	159516	gris	1922	Strasbourg 139864	Lydie 104508
Andéol	159509	gris	1922	Ostabat 123735	Phalangette 128034
Anderson	155802	gris-foncé	1922	Sapor 138736	Lorette 103300
Anderson	159519	noir	1922	Strasbourg 139864	Muette 110837
Andiscus	159525	noir	1922	Ostabat 123735	Oppedette 123634
Andoche	155157	noir	1922	Souvenons 136704	Picrate 125751
Andrassy	159520	gris	1922	Strasbourg 139864	Rieuse 136136
André	157466	noir	1922	Polus 126947	Octante 121437
André	159521	gris	1922	Strasbourg 139864	Thorda 144143

NOM	N°	ROBE	Naissance	PÈRE	MÈRE
Andrieux	157398	noir	1922	Lichas 98731	Kosmique 91299
Andrieux	159524	gris	1922	Spancourt 139925	Massive 108387
Androcée	158924	gris	1922	Polonais 125998	Podolie 126236
Androclès	159527	bai	1922	Ostabat 123735	Nigelles 113767
Andromaque	157697	gris	1922	Sion 139143	Ketmie 94621
Andromaque	159530	noir-zain	1922	Strasbourg 139864	Pivoine 128427
Andropogon	156459	gris-vin.	1922	Nyctalope 113635	Jenny 85015
Andropogon	158926	gris-foncé	1922	Régisseur 133613	Petite 124225
Anecdotier	156467	gris	1922	Saurin 137137	Idria 84370
Anel	158927	gris-clair	1922	Nichet 117897	Quatalane 131735
Anémomètre	158928	gris	1922	Mercy 105783	Rompue 135965
Anémoscope	158929	gris-foncé	1922	Nichet 117897	Tinette 143368
Anémotrope	158930	gris-vin.	1922	Mercy 105783	Malvenue 110199
Anet	156474	noir	1922	Sonjatout 136537	Potelée 126104
Ange	160047	gris	1922	Polus 126947	Marinette 108633
Angelet	156478	gris	1922	Quaduc 129371	Ocana 119870
Angelico	157406	gris-foncé	1922	Relevant 133297	Iole 82355
Angelico	159537	gris	1922	Savoyard 139860	Nervation 117868
Angelo	157408	noir	1922	Polus 126947	Honorée 77687
Angelot	156480	noir	1922	Fier-à-Bras 65250	Persillée 125635
Angelot	158718	gris	1922	Nichet 117897	Offerte 121878
Angélus	156494	noir	1922	Rongetout 133602	Procida 125373
Angerman	157409	gris	1922	Ouleux 121183	Lacloche 98891
Angers	159538	noir	1922	Ostabat 123735	Pointue 128528
Angevin	156485	gris	1922	Perturbateur 125648	Pécaïre 124773
Angevin	158719	noir	1922	Mercy 105783	Novation 117073
Anghiera	157414	gris	1922	Négligent 112708	Kordoue 94103
Angilbert	155789	noir	1922	Saharat 139316	Syrie 137094
Angilbert	157417	gris	1922	Ouleux 121183	Vigoureuse 56011
Angilbert	159540	noir	1922	Spancourt 139925	Noctuelle 117948
Angineux	156486	gris-fer	1922	Perturbateur 125648	Patrie 124723
Angineux	158720	gris-foncé	1922	Mercy 105783	Klémalite 94969
Angkor	157418	gris	1922	Ouleux 121183	Pataugeuse 127021
Angkor	159542	noir	1922	Spoy 139870	Mulsion 110847
Anglais	156488	noir	1922	Perturbateur 125648	Obole 119704
Anglais	158721	gris	1922	Quissac 130271	Sylla 139303
Anglet	156501	noir-zain	1922	Rouleau 134450	Ouvette 119624
Anglet	158726	gris	1922	Nichet 117897	Moustache 57519
Anglo	156496	gris	1922	Séquoia 137376	Larra 67058
Anglo	157420	noir	1922	Nitrate 111699	Konscience 94093
Ango	157423	noir	1922	Nagy 112488	Galère 93320
Angon	156492	noir	1922	Perturbateur 125648	Obéissante 119703
Angon	158729	gris-foncé	1922	Nichet 117897	Skye 139154
Angora	155237	gris-foncé	1922	Ramassetout 133573	Kermès 90606
Angora	156504	gris	1922	Salbry 138859	Rivalité 134203

NOM	N°	ROBE	Naissance	PÈRE	MÈRE
Angora	157679	noir	1922	Quinola 130134	Marguerite 109086
Angora	158730	gris	1922	Nichet 117897	Maïolique 110180
Angoumois	159543	gris	1922	Spoy 139870	Mozette 110831
Angrois	158731	gris-foncé	1922	Mercy 105783	Orange 122657
Anguier	157469	noir	1922	Ouleux 121183	Levantine 104142
Anguier	159545	gris	1922	Spancourt 139925	Moulue 110803
Anguleux	158732	gris	1922	Nichet 117897	Rétinite 135704
Anhui	156511	gris	1922	Saibry 138859	Quornière 130533
Anicet	157470	gris	1922	Quanard 131542	Judith 86861
Anicet	159546	noir-zain	1922	Nérac 112728	Orthographe 123209
Animal	155714	gris-foncé	1922	Ramoneur 133946	Marybette 105970
Animal	156514	gris	1922	Saibry 138859	Serratule 137418
Animal	158733	gris	1922	Nichet 117897	Opposante 121869
Animalier	158735	gris-foncé	1922	Nichet 117897	Kompresse 95750
Anio	159550	noir	1922	Spancourt 139925	Rillette 135857
Anis	155963	gris	1922	Médisant 105527	Palmeraie 127687
Anis	156518	noir-rub.	1922	Perturbateur 125648	Polenta 125607
Anis	158737	gris	1922	Nichet 117897	Mallette 110184
Anizy	157471	noir	1922	Ouleux 121183	Louisette 104682
Anizy	159551	noir	1922	Ostalat 123735	Plaideuse 128438
Anjou	155284	noir	1922	Sorcier 136545	Kazbec 90581
Ankober	159556	noir-zain	1922	Strasbourg 139864	Livraison 103889
Annal	158739	gris	1922	Nichet 117897	Remuante 135541
Annapolis	157472	gris	1922	Ouleux 121183	Manitou 106023
Anneau	155219	gris-foncé	1922	Sorcier 136545	Héglise 76541
Anneau	156521	gris-vin.	1922	Perturbateur 125648	Clairette 68799
Anneau	158740	bai-brun	1922	Mercy 105783	Rénale 135547
Annecy	157474	alezan	1922	Ouleux 121183	Hongrie 93334
Annelé	158741	gris-vin.	1922	Quintus 130450	Novatrice 117070
Annelet	156522	noir-zain	1922	Sébastopol 137245	Jérémiade 83847
Annelet	158743	gris	1922	Nichet 117897	Orge 122669
Annibal	155769	gris	1922	Pélissier 126603	Odalle 120542
Annibal	156457	alezan	1922	Simbleau 136949	Roncière 134268
Annibal	157475	gris	1922	Quanard 131542	Oxalide 121858
Annibal	159561	noir	1922	Sultan 139856	Janicule 89041
Annonceur	158744	gris-foncé	1922	Quintus 130450	Quassure 131726
Annot	157478	gris	1922	Ouleux 121183	Hélène 98283
Annuaire	155215	noir	1922	Souvenons 136704	Gibèle 70872
Annuaire	158746	gris	1922	Mercy 105783	Origine 122674
Annuel	156525	gris	1922	Sarcome 136375	Pélagie 124844
Annuel	158747	gris	1922	Nichet 117897	Orgère 122668
Annunzio	157480	noir	1922	Kalidor 95297	Pelletique 126700
Anobli	156526	noir	1922	Sébastopol 137245	Londinière 104235
Anobli	158748	gris-foncé	1922	Mercy 105783	Ormette 122682
Anodin	156528	gris	1922	Ornain 119960	Ornée 121468

NOM	N°	ROBE	Naissance	PÈRE	MÈRE
Anodin	158750	noir	1922	Quintus 130450	Impasse 96886
Anolis	156529	gris	1922	Ornain 119960	Ordinale 119399
Anolis	158751	gris	1922	Quompromis 132021	Quatin 131745
Anomal	156530	gris	1922	Ornain 119960	Névralgie 113728
Anomal	158752	gris	1922	Salasc 139347	Sommière 139184
Anonneur	158754	gris	1922	Salasc 139347	Quatisseuse 131747
Anonymat	158758	noir	1922	Quompromis 132021	Rengaine 135563
Anonyme	156532	gris	1922	Séquoia 137376	Ribis 61342
Anonyme	158756	bai	1922	Quasson 131729	Hâtelle 76109
Anormal	156534	gris	1922	Séquoia 137376	Mitidja 105208
Anormal	158759	gris	1922	Quompromis 132021	Norvège 117282
Anquetil	157483	noir	1922	Ouleux 121183	Laguitare 102136
Anspach	155882	gris	1922	Ramoneur 133946	Sagaffe 138131
Anspect	156537	noir	1922	Sébastopol 137245	Mélinite 106518
Anspect	158760	gris	1922	Mercy 105783	Nonnotte 116443
Antagoniste	158761	gris-foncé	1922	Salasc 139347	Oréade 123441
Antan	156538	gris	1922	Sébastopol 137245	Session 137432
Antan	158762	gris-foncé	1922	Salasc 139347	Sombreuil 139181
Antar	155747	gris	1922	Qualot 131492	Qanikule 130049
Antebois	156540	noir	1922	Sébastopol 137245	Planchette 125992
Antebois	158763	gris	1922	Quasson 131729	Montenotte 110086
Antécédent	158766	gris-vin.	1922	Mercy 105783	Héphéméride 77705
Antée	157484	noir	1922	Ouleux 121183	Néologie 112158
Antenais	155218	noir-zain	1922	Souvenons 136704	Mimiche 105690
Antenais	158767	noir-zain	1922	Quintus 130450	Quarante 131737
Anténor	157485	gris	1922	Mordicant 110698	Georgette 70251
Antérieur	155898	gris	1922	Somerset 139183	Narration 141942
Antérieur	156412	gris	1922	Pouff 124218	Kalize 92095
Antérieur	158769	bai-br.-z.	1922	Quasson 131729	Sorèze 139193
Anternon	156546	noir	1922	Ornain 119960	Ordinatrice 119400
Anternon	158771	gris	1922	Quasson 131729	Oenée 123376
Antéros	156548	noir-zain	1922	Quintanar 129225	Joule 90236
Antéros	158772	gris	1922	Régisseur 133613	Noix 116996
Anthémis	156543	noir	1922	Perturbateur 125648	Neigeuse 113876
Anthémis	158775	gris-clair	1922	Quasson 131729	Quibolinette 132592
Anthrax	158777	gris clair	1922	Quasson 131729	Odyssée 123374
Anti	156549	noir	1922	Sébastopol 137245	Onglée 118988
Anti	158778	noir-m.t.z	1922	Quasson 131729	Ketmie 94644
Antiar	156550	noir	1922	Sarcome 136375	Nicotiane 113866
Antiar	158781	gris	1922	Régisseur 133613	Selecte 136919
Antibois	156542	gris	1922	Perturbateur 125648	Goguette 71144
Antibois	158765	gris	1922	Quintus 130450	Métidja 108480
Antidote	156553	gris	1922	Sarcome 136375	Kamarde 90665
Antifer	159567	noir	1922	Spoy 139870	Quadrilobée 132478
Antilégal	156556	gris-rouan	1922	Perturbateur 125648	Rabiole 132782

NOM	Nº	ROBE	Naissance	PÈRE	MÈRE
Antimoine	156555	noir	1922	Perturbateur 125648	Raymonde 134552
Antimoine	158787	gris-foncé	1922	Quasson 131729	Mantilly 110273
Antimonial	156557	noir	1922	Raynouard 133959	Nacrée 114055
Antin	155283	gris	1922	Souvenons 136704	Souris 137729
Antin	157488	noir	1922	Ouleux 121183	Penne 126712
Antin	159570	gris	1922	Spoy 139870	Moye 110827
Antinoüs	157489	noir-m.-t.	1922	Juste 85878	Biche 53591
Antioche	155278	gris	1922	Sans-Cœur 136540	Rave 133632
Antioche	155548	gris-fer	1922	Fier-à-Bras 65250	Fantine 84460
Antiochus	157490	gris	1922	Nagy 112488	Omoplate 123022
Antiphane	157496	noir	1922	Juste 85878	Quomanche 130872
Antiphon	157492	noir	1922	Juste 85878	Gertrude 71997
Antipode	156558	alezan	1922	Raynouard 133959	Quandie 130709
Antipode	158792	noir-m.-t.	1922	Médisant 105527	Mitidja 110064
Antique	156559	noir	1922	Sébastopol 137245	Réussie 134070
Antiscien	156560	noir	1922	Perturbateur 125648	Kastagnette 91114
Antiscien	158793	noir	1922	Scribe 138056	Ondée 124154
Antisocial	156561	gris-r.-f.	1922	Perturbateur 125648	Réprimande 133652
Antisthème	157493	noir	1922	Ouleux 121183	Laviolle 102130
Antivari	157494	noir	1922	Mordicant 110698	Pellouaille 126705
Antoine	157499	noir	1922	Juste 85878	Paquerette 65351
Antoine	158483	noir	1922	Quanard 131542	Serrière 138914
Antoine	159574	noir	1922	Senlis 139861	Onglière 123052
Antoine	159685	gris	1922	Strasbourg 139864	Nourriture 118032
Antoit	156562	gris	1922	Séquoia 137376	Occlusine 118801
Antoit	158799	gris	1922	Saturnien 137115	Oville 122768
Antonelli	157500	noir-zain	1922	Kalidun 95297	Japhette 86858
Antonin	156285	alezan-cl.	1922	Rouleau 134450	Jaire 85771
Antre	158801	gris-foncé	1922	Romand 135963	Sorée 139668
Anvers	155336	gris	1922	Sage 138029	Rose 132844
Anvers	156768	gris	1922	Sonnant 137627	Jacobée 85713
Anvers	159576	gris	1922	Senlis 139861	Hydra 87636
Anxieux	156566	gris	1922	Perturbateur 125648	Ocelle 118809
Anytos	157505	noir	1922	Socialiste 136651	Pecqueuse 126695
Anytos	159579	noir	1922	Sidi 139858	Farandole 90116
Anzin	157506	noir	1922	Socialiste 136651	Kommune 94081
Aoriste	158805	gris	1922	Nichet 117897	Qlarisse 131800
Aoudet	156237	noir	1922	Perturbateur 125648	Lavolinière 100918
Aouer	157132	noir	1922	Succédané 137925	Kontenance 93607
Aoussa	156335	noir	1922	Perturbateur 125648	Ourse 119531
Août	155213	gris-foncé	1922	Sage 138029	Isère 80836
Aout	156567	gris	1922	Perturbateur 125648	Nouméa 113292
Apanage	155652	gris-fer-f.	1922	Pélissier 126603	Inégalité 79889
Apanage	158806	gris-clair	1922	Mercy 105783	Kapote 95624
Apanon	156570	gris	1922	Séquoia 137376	Rurale 134523

NOM	N°	ROBE	Naissance	PÈRE	MÈRE
Apanon	158809	gris	1922	Supérieur 137000	Sousse 139218
Aparté	158810	gris	1922	Quintas 130450	Ony 120492
Aperçu	156373	gris	1922	Séquoia 137376	Karcasse 90809
Apéritif	155645	gris-foncé	1922	Pélissier 126603	Sidonie 136341
Apéritif	156574	bai-brun	1922	Sénat 136589	Kahoteuse 90527
Apéritif	158811	gris	1922	Reynal 132841	Obligation 122790
Apéro	155992	noir	1922	Pantin 124490	Honorée 74681
Apeuré	156575	gris	1922	Sénat 136589	Rama 132985
Apeuré	158814	gris	1922	Sapor 138736	Olivacée 121594
Apex	156577	gris	1922	Séquoia 137376	Octogyne 148828
Apex	158813	gris	1922	Sapor 138736	Lignine 104231
Aphone	158816	gris	1922	Reynal 132841	Hampe 75362
Aphteux	156580	gris-vin.	1922	Quintanar 129225	Civette 54705
Api	156581	noir-zain	1922	Quintanar 129225	Quaducée 129617
Api	158826	gris	1922	Romand 135963	Stade 139238
Apiculteur	156582	gris-vin.	1922	Quintanar 129225	Royale 134025
Apied	155093	gris-foncé	1922	Quaduc 129371	Tsarienne 141502
Apion	156583	noir	1922	Sébastopol 137245	Passerine 124622
Apion	158821	gris	1922	Régisseur 133613	Hérodiade 76140
Apis	156866	gris	1922	Somerset 139183	Chloé 67840
Apivore	156584	noir	1922	Sarcome 136375	Kréance 91402
Aplanat	156588	gris	1922	Sarcome 136375	Kompote 93124
Aplanat	158828	gris	1922	Reynal 132841	Statue 139241
Aplomb	156591	noir	1922	Quintanar 129225	Oignonade 118879
Apocyn	156592	gris	1922	Sénat 136589	Sasse 137128
Apollon	156128	noir	1922	Japon 84819	Messène 108699
Apollon	157513	noir	1922	Juste 85878	Almée 57005
Apollon	157667	gris-foncé	1922	Relevant 133297	Mariane 109142
Apollon	159582	gris	1922	Nérac 112728	Plaque 128459
Apollonius	157518	gris	1922	Ouleux 121183	Palise 126642
Apologue	155959	gris	1922	Fier-à-Bras 65250	Ranguesne 133929
Apologue	156593	gris	1922	Sénat 136589	Tsarine 141499
Apostat	156594	noir	1922	Sénat 136589	Langue 100636
Apostolat	156596	noir	1922	Simbleau 136949	Kadenette 90506
Apothème	156597	noir-rub.	1922	Sarcome 136375	Octavie 118816
Apothéose	156428	gris	1922	Ramassetout 133573	Pelouze 125116
Apothicaire	156598	noir	1922	Simbleau 136949	Onglette 120394
Apôtre	155974	gris-foncé	1922	Quaduc 129371	Névrotomie 111694
Apozème	156599	gris	1922	Simbleau 136949	Injurieuse 79469
Apparat	156600	gris	1922	Rongetout 133602	Parieuse 124530
Apparaux	156601	noir	1922	Rongetout 133602	Posée 126080
Appeau	156604	noir	1922	Simbleau 136949	Rivière 134801
Appel	155098	gris-foncé	1922	Quaduc 129371	Souquenille 137717
Appel	156605	gris	1922	Sarcome 136375	Jeanne 83739
Appell	157520	gris	1922	Ouleux 121183	Rosette 135226

NOM	N°	ROBE	Naissance	PÈRE	MÈRE
Appell	159584	gris	1922	Spancourt 139925	Quenotte 132502
Appenay	159259	noir	1922	Quinaud 132720	Manigance 110249
Appendice	156606	noir	1922	Sarcome 136375	Quolature 130192
Appennin	155071	gris-foncé	1922	Ramoneur 133946	Léda 98944
Appentis	156607	noir	1922	Sébastopol 137245	Iguela 79784
Appert	157521	noir	1922	Ouleux 121183	Pollenza 126589
Appert	159585	noir	1922	Nérac 112728	Junia 93462
Appetit	155163	gris-rouan	1922	Quaduc 129371	Girole 69870
Appétit	160019	noir	1922	Soupirail 137701	Mouvette 64440
Apport	155844	gris-fer	1922	Saturnien 137115	Indiscrète 79444
Apprécié	155744	noir-zain	1922	Fier-à-Bras 65250	Isquarre 96892
Apre	155094	gris	1922	Quaduc 129371	Ombreuse 118951
Après	155250	gris	1922	Souvenons 136704	Motricité 106960
Aptérix	156614	noir	1922	Remords 133354	Melville 105134
Aptéryx	158837	gris	1922	Santander 138727	Kolonie 95717
Aqua	155873	gris	1922	Pélissier 126603	Rogne 133795
Aquarium	155207	noir	1922	Ramassetout 133573	Noémie 143397
Aquarium	156616	noir	1922	Pantin 124490	Gargotte 97071
Aquarium	158843	gris	1922	Médisant 105527	Qlovisse 131847
Aquatique	155981	noir	1922	Récipé 135282	Oprimée 120968
Aqueduc	155173	gris	1922	Regrattier 133261	Noblesse 111654
Aqueduc	155221	gris-foncé	1922	Sorcier 136545	Purgette 124822
Aqueduc	156617	noir	1922	Pantin 124490	Nocuité 116036
Aqueduc	158847	gris	1922	Quasson 131729	Osselle 122712
Aquéreur	155185	noir	1922	Ramassetout 133573	Odensée 120622
Aqueux	155151	gris-foncé	1922	Quaduc 129371	Septicémie 137362
Aqueux	156618	noir	1922	Névrosé 113735	Biche 93310
Aquilin	156622	alezan-br.	1922	Remisier 133326	Osmane 121291
Aquilin	158850	gris	1922	Quasson 131729	Olynthe 123419
Aquilon	156625	gris	1922	Ouistreham 120076	Sanpareille 138339
Aquilon	157673	noir-zain	1922	Sexto 137450	Harette 77633
Aquilon	158852	noir	1922	Sérum 136999	Nisarde 117257
Aquitanien	158851	gris	1922	Quasson 131729	Jauge 87218
Araba	156629	noir	1922	Stimulant 137850	Odessa 122229
Arabe	156630	gris-foncé	1922	Sapristi 137097	Nozerolle 115522
Arabe	156841	gris-foncé	1922	Somerset 139183	Bezonville 134293
Arabe	160037	noir	1922	Polus 126947	Quentine 129659
Arack	156632	noir	1922	Pampelune 124878	Naplitaine 112794
Arack	158858	gris	1922	Nichet 117897	Jaca 87367
Arago	155849	gris-foncé	1922	Ramoneur 133946	Insanité 78780
Arago	157522	gris	1922	Ouleux 121183	Marsa 108884
Arago	159588	gris	1922	Sultan 139856	Luisante 57121
Aragon	155987	gris-foncé	1922	Pantin 124490	Mirandole 107410
Aragon	159590	noir	1922	Nérac 112728	Rubrique 136065
Arakan	157523	noir	1922	Nagy 112488	Pédatique 126587

NOM	N°	ROBE	Naissance	PÈRE	MÈRE
Aramis	156274	gris	1922	Séducteur 137280	Scala 137181
Aramon	157524	noir	1922	Nagy 112488	Fatma 56603
Aramon	159596	noir	1922	Ostabat 123735	Plénitude 128474
Arançaur	156455	gris	1922	Simbleau 136949	Kourtine 91357
Aranda	157525	noir	1922	Ouleux 121483	Quadmie 131379
Arany	157526	noir	1922	Négligent 112708	Molle 108800
Arany	159597	gris	1922	Spancourt 139925	Qualité 132492
Aratus	157533	noir	1922	Nitrate 111699	Homélie 76646
Aratus	159598	noir	1922	Spoy 139870	Nonvue 117991
Araucaria	158859	gris-foncé	1922	Quasson 131729	Métromanie 108484
Aravalli	159600	gris	1922	Spoy 139870	Rhodope 134304
Aray	156283	gris	1922	Receveur 133074	Quannelle 129741
Arbalétrier	158860	gris-foncé	1922	Quintus 130450	Jabesh 87368
Arbitraire	158862	gris	1922	Quasson 131729	Pharmacie 128266
Arbitral	158863	gris-foncé	1922	Quasson 131729	Orchie 123435
Arbitre	160018	noir	1922	Quinola 130134	Kalia 94418
Arbogast	157536	noir	1922	Nitrate 111699	Illusion 79312
Arbois	157537	noir	1922	Nitrate 111699	Laize 100189
Arbois	159602	noir	1922	Lédon 101823	Normanique 118001
Arboriste	158864	gris-clair	1922	Régisseur 133613	Hysope 77346
Arbousier	156639	gris	1922	Saponacé 137099	Nasalité 113940
Arbousier	158865	bai-marr.	1922	Romand 135963	Laure 102879
Arbre	156640	gris	1922	Saponacé 137099	Huée 73905
Arbrisseau	156157	gris-foncé	1922	Rongetout 133602	Règne 134589
Arbrisseau	156870	gris	1922	Pélissier 126603	Ménagère 105600
Arbrisseau	158866	gris-l-vin.	1922	Romand 135963	Repasse 135599
Arbuste	156158	noir	1922	Rongetout 133602	Oise 120585
Arbuste	156869	gris	1922	Pélissier 126603	Jouée 86549
Arbustif	156160	noir-m.-t.	1922	Sajas 139345	Rivette 133445
Arbustif	158867	gris-clair	1922	Médisant 105527	Pantoufle 127769
Arc	155686	gris-rouan	1922	Sérum 136999	Rapière 133849
Arc	156159	gris-foncé	1922	Rongetout 133602	Gisèle 70796
Arc	158868	gris foncé	1922	Nichet 117897	Pêcheuse 128065
Arcachon	157539	noir	1922	Oder 121578	Patience 127288
Arcachon	159605	gris	1922	Ostabat 123735	Quoupée 132365
Arcadius	157540	noir	1922	Jupiter 88668	Novatrice 112431
Arcadius	157542	gris	1922	Jupiter 88668	Séquanaise 139121
Arcadius	159607	gris	1922	Strasbourg 139864	Quantité 132494
Arcane	156163	noir	1922	Rongetout 133602	Latrie 99331
Arcanson	158869	gris	1922	Quasson 131729	Ocreuse 122864
Arceau	155887	gris	1922	Santos 138735	Ovine 120684
Arceau	156166	gris-fer	1922	Reynal 132841	Onction 120501
Arceau	158870	gris-foncé	1922	Nichet 117897	Ingrie 83010
Arc-en-Ciel	155750	noir-zain	1922	Fier-à-Bras 65250	Cora 53107
Arcenciel	158871	gris-foncé	1922	Mercy 105783	Marbrure 110299

NOM	N°	ROBE	Naissance	PÈRE	MÈRE
Archal	155763	noir	1922	Fier-à-Bras 65250	Julienne 86708
Archal	155878	bai-brun	1922	Sérum 136999	Plumette 125320
Archal	156167	gris	1922	Pégoud 126957	Silhouette 137008
Archal	158874	gris	1922	Salase 139347	Paraffine 127793
Archelet	156168	gris	1922	Pégoud 126957	Naigrerie 111910
Archelet	158876	gris-clair	1922	Mercy 105783	Jaserie 87213
Archer	155762	gris-fer	1922	Fier-à-Bras 65250	Plaquette 125304
Archer	156171	gris	1922	Moineau 106576	Kivala 95221
Archer	157698	noir	1922	Quinola 130134	Léonie 102305
Archer	158880	noir-m. t.	1922	Koch-ex-Kourlis 95894	Marbrée 110296
Archerot	156172	gris-foncé	1922	Stimulant 137850	Quourbette 131053
Archerot	158882	noir-m.-t.	1922	Salase 139347	Lobélie 101562
Archet	155978	gris	1922	Pampelune 124878	Pachuca 126893
Archet	158883	gris-foncé	1922	Salase 139347	Frime 66733
Archi	156176	noir	1922	Néflier 111919	Levée 104148
Archi	158887	gris	1922	Quompromis 132021	Nègrerie 117655
Archiac	157544	gris	1922	Qrédit 130005	Secrète 138615
Archias	159610	gris	1922	Ostabat 123735	Onglière 123627
Archiduc	155786	gris-foncé	1922	Qualot 131492	Parafe 124630
Archiduc	156371	gris	1922	Sauteur 137147	Opulative 119029
Archiduc	158886	gris-clair	1922	Mercy 105783	Konséquence 95789
Archifou	156175	noir	1922	Saponacé 137099	Rose 134388
Archimède	155874	gris-foncé	1922	Pélissier 126603	Luna 97883
Archimède	156786	gris-rouan	1922	Fier-à-Bras 65250	Kapette 92723
Archimède	157545	gris	1922	Qrédit 130005	Tirynthe 142435
Archimède	157680	gris-clair	1922	Sion 139143	Hirondelle 76962
Archimède	159616	gris	1922	Lédon 101823	Mélodie 104841
Archipel	155806	noir	1922	Soviet 138115	Canadienne 69138
Archipel	156643	gris	1922	Saissac 139342	Terreneuve 140595
Archipel	158885	gris	1922	Nichet 117897	Quoterie 132310
Archipel	159617	gris	1922	Lédon 101823	Médaille 104840
Archirrabin	156644	noir	1922	Saissac 139342	Tépidité 140576
Architecte	155954	noir	1922	Sabarat 139316	Mélibée 105794
Architecte	156645	gris	1922	Sajas 139345	Raffade 133518
Architecte	158889	noir-rub.	1922	Seythenex 139684	Noëlle 117260
Architectural	156646	gris	1922	Roe 132979	Quewelle 129396
Archiviste	156649	noir	1922	Saissac 139342	Quolenette 130318
Archontat	156652	noir	1922	Sajas 139345	Rénette 133717
Archontat	158892	gris	1922	Médisant 105527	Kure 95609
Archonte	156370	gris	1922	Sauteur 137147	Ovation 119581
Arcbonte	156653	gris	1922	Sajas 139345	Rosette 133078
Arcole	155081	gris	1922	Ramoneur 153946	Onza 120324
Arçon	156654	gris-clair	1922	Sajas 139345	Palissade 124319
Arçon	158894	gris	1922	Médisant 105527	Nicomédie 117228
Arçonner	156655	gris	1922	Sajas 139345	Galilée 69515

NOM	N°	ROBE	NAISSANCE	PÈRE	MÈRE
Arçonneur	156656	gris	1922	Sajas 139345	Haste 76372
Arcot	156658	gris	1922	Ramassetout 133573	Sarah 137092
Arcot	158897	bai-brun	1922	Soissonnais 139160	Loquette 102620
Arcueil	158899	noir	1922	Poison 125365	Lanière 97855
Arcus	156307	gris-rouan	1922	Séducteur 137280	Outrageuse 119547
Ardelion	156660	gris-foncé	1922	Sajas 139345	Pastillette 125069
Ardélion	158898	gris	1922	Reynal 132841	Officiante 122913
Ardent	155229	gris	1922	Ramassetout 133573	Marraine 105717
Ardent	155817	noir	1922	Pantin 124490	Nuisance 113587
Ardent	157595	noir zain	1922	Polus 126947	Lamère 103219
Ardent	158899	noir	1922	Sérum 136999	Mignonnette 110529
Ardillon	158900	alezan-br.	1922	Sérum 136999	Ombelle 120509
Ardoisé	158901	noir	1922	Sérum 136999	Kandide 95584
Ardu	158902	gris-foncé	1922	Siphon 138226	Parénèse 127814
Arec	156669	gris	1922	Ramoneur 133946	Piquette 125846
Arec	158908	gris	1922	Supérieur 137000	Officine 122921
Aremberg	157552	gris	1922	Magellan 106095	Mouvette 109010
Arena	157551	gris	1922	Magellan 106095	Mordelle 108920
Arena	159620	noir-zain	1922	Nérac 112728	Huppe 78373
Arenberg	159618	noir	1922	Lédon 101823	Kamomille 97423
Arènemberg	157554	noir-m.-t.	1922	Socialiste 136651	Kerzane 94109
Aréneux	156671	noir	1922	Ramoneur 133946	Stupéfaite 137899
Arénuleux	156672	gris	1922	Ramoneur 133946	Méticuleuse 108331
Arénuleux	158912	noir	1922	Pilon 127251	Noce 146969
Aréomètre	158913	noir	1922	Supérieur 137000	Feuillée 63311
Arêta	158915	gris	1922	Régisseur 133613	Pérouse 127740
Arétin	157555	gris	1922	Socialiste 136651	Klio 94056
Arétín	159621	gris	1922	Neigeux 112725	Kame 97414
Areturus	156350	gris	1922	Roussin 134466	Régule 133266
Arezzo	157556	bai-mar.	1922	Socialiste 136651	Moufle 108975
Arezzo	159625	gris	1922	Spoy 139870	Notoriété 118018
Arganeau	158919	gris	1922	Nichet 117897	Ronfleuse 135987
Argelès	157557	noir	1922	Sumac 137972	Loire 102230
Argenson	159629	gris	1922	Sidi 139858	Joliette 85160
Argent	155800	gris-foncé	1922	Poison 125365	Noise 112449
Argent	158920	noir-m.-t.	1922	Mercy 105783	Pendeloque 128128
Argentan	156680	gris	1922	Remords 133354	Ouette 121181
Argentan	157567	gris	1922	Socialiste 136651	Tuilerie 141863
Argentan	158921	gris	1922	Roe 132979	Réplique 132954
Argentat	159631	gris	1922	Nérac 112728	Kharbine 97331
Argenté	155965	gris	1922	Régisseur 133613	Morande 107440
Argenteuil	157569	gris	1922	Socialiste 136651	Léoville 102151
Argenteur	156682	noir	1922	Remords 133354	Milanière 107838
Argenton	157570	gris-foncé	1922	Socialiste 136651	Nacinthe 111595
Argentré	157572	gris	1922	Socialiste 136651	Lili 60894

NOM	N°	ROBE	Naissance	PÈRE	MÈRE
Argentré	159633	bai	1922	Sélin 139862	Guérite 72755
Argileux	156684	gris	1922	Remords 133354	Lize 100768
Argon	156685	gris	1922	Quarteron 128953	Parcimonieuse 125610
Argon	158937	gris	1922	Sabot 137038	Ourdie 120831
Argonaute	156686	gris	1922	Remords 133354	Illégale 78600
Argonaute	158938	gris	1922	Médisant 105527	Oléfiante 122978
Argos	157558	alezan	1922	Sumac 137972	Panouse 126662
Argos	159638	gris	1922	Péplum 124974	Ormoiche 123685
Argostoli	157573	noir	1922	Socialiste 136651	Galère 73118
Argot	155231	gris-foncé	1922	Sage 138029	Pivotte 124793
Argot	155852	bai-brun	1922	Sabarat 139316	Meurette 106105
Argot	155982	gris-f.-v.	1922	Pantin 124490	Garonne 71274
Argot	156687	noir	1922	Remords 133354	Léna 100970
Argot	158936	noir-m.-t.	1922	Sabot 137038	Hermance 77311
Argoulet	156690	gris	1922	Nyctalope 113635	Opilation 119031
Argoulet	158939	gris-tr.-f.	1922	Saumur 139480	Révolue 136321
Argousin	158940	gris	1922	Médisant 105527	Retirure 135710
Argout	159640	gris	1922	Strasbourg 139854	Rugosité 136091
Argueil	159643	gris	1922	Sidi 139858	Ornaison 123686
Argueux	156692	gris	1922	Nyctalope 113635	Marcotte 108018
Argueux	158942	noir	1922	Pilon 127251	Sartène 139432
Arguin	159644	gris-tr.-f.	1922	Sélin 139862	Névrologie 117885
Argument	158945	gris	1922	Soissonnais 139160	Ocellation 122852
Argus	155719	noir	1922	Sage 138029	Ourqueline 120554
Argus	156641	noir	1922	Ornain 119960	Kourtine 93201
Argus	156695	noir	1922	Rouleau 134450	Roide 134243
Argus	157575	bai	1922	Socialiste 136651	Muguette 108748
Argus	157711	noir	1922	Sion 139143	Karie 95973
Argus	158944	noir-zain	1922	Pilon 127251	Ozeville 122771
Argus	159642	gris	1922	Senlis 139861	Plante 128456
Aria	156696	gris	1922	Sallery 138859	Oraison 119365
Aria	158948	gris	1922	Romand 135963	Parenté 127818
Aricourt	157790	gris	1922	Pampelune 124878	Radicelle 135018
Ariel	159646	gris	1922	Sélin 139862	Lisette 53645
Arien	156698	gris	1922	Quarteron 128953	Raison 132881
Arien	158954	gris	1922	Sacy 139329	Incision 82100
Ariétin	155900	noir	1922	Poison 125565	Jeajine 80826
Arille	156700	gris	1922	Sajas 139345	Potée 126103
Arimer	156701	noir	1922	Sajas 139345	Ponantaise 126025
Arioso	156702	gris	1922	Sajas 139345	Rozette 134436
Arioso	158957	noir	1922	Saturnien 137115	Scotte 138266
Aristarque	156764	noir	1922	Quaduc 129371	Kahnette 92086
Aristarque	157578	gris	1922	Socialiste 136651	Taxe 143014
Aristide	156855	gris	1922	Somerset 139183	Sultane 138046
Aristide	157580	gris	1922	Qrédit 130005	Jeunesse 87044

NOM	N°	ROBE	Naissance	PÈRE	MÈRE
Aristide	159632	noir	1922	Nérac 112728	Quine 131936
Aristo	156433	noir	1922	Pouff 124218	Trigonelle 141846
Aristo	156703	gris	1922	Sajas 139345	Lucanie 101296
Aristophane	156102	gris	1922	Qualot 131492	Numulaire 112930
Aristote	156767	noir	1922	Quaduc 129371	Qoudre 129270
Arlequin	155792	gris	1922	Pélissier 126603	Risette 132769
Arlequin	155977	gris-foncé	1922	Pantin 124490	Kheta 92413
Arlequin	156704	gris	1922	Sajas 139345	Tétralogie 140625
Arlequin	156844	gris	1922	Quirat 128885	Ossature 121042
Arlequin	158958	gris	1922	Saturnien 137115	Lancette 98224
Arlequin	159657	gris	1922	Sélin 139862	Quourgane 132467
Arlésien	155669	gris-fer	1922	Ramassetout 133573	Réquista 133155
Armadille	156735	noir	1922	Quaduc 129371	Ostende 121146
Armagnac	158959	gris	1922	Saturnien 137115	Pariétale 127839
Armand	158342	noir	1922	Mordicant 110698	Mina 108271
Armateur	155668	gris	1922	Qualot 131492	Quista 129563
Armateur	156709	bai	1922	Remords 133354	Ocana 121197
Armateur	158960	gris	1922	Romand 135963	Quompassion 132002
Armement	156713	noir	1922	Remords 133354	Océanie 121200
Armement	158962	gris	1922	Soupeur 137696	Pantoire 127766
Arménien	155076	gris-foncé	1922	Ramoneur 133946	Roche 134234
Arménien	155222	gris	1922	Souvenons 136704	Réplique 133577
Arménien	158963	gris-foncé	1922	Soupeur 137696	Manique 110240
Armenteux	158964	noir-zain	1922	Quasson 131729	Obscénité 120713
Armet	158965	gris	1922	Soupeur 137696	Coquette 98094
Arminien	156719	gris	1922	Roc 132979	Quella 129149
Arminien	158967	gris	1922	Romand 135963	Jamaïque 87385
Arminius	157392	noir	1922	Crédit 130005	Nigritie 115103
Arminius	159665	gris	1922	Sélin 139862	Ollière 123597
Armistice	156720	gris	1922	Roc 132979	Olga 119253
Armoire	158972	noir	1922	Soissonnais 139160	Pâquerette 127203
Armoiseur	156721	gris	1922	Roc 132979	Poularde 125074
Armoiseur	158968	noir-zain	1922	Remonteur 134855	Oréade 123142
Armoisin	156722	noir	1922	Roc 132979	Fauvette 55227
Armoisin	158969	gris-vin.	1922	Remonteur 134855	Harengère 77445
Armon	156724	gris	1922	Roc 132979	Qurieuse 129548
Armon	158970	noir	1922	Soissonnais 139160	Orchidée 123128
Armor	155809	gris-vin.	1922	Sérum 136999	Ivresse 80861
Armor	155831	gris-foncé	1922	Strongle 138148	Immortelle 80385
Armorial	156725	noir	1922	Roc 132979	Quostale 130581
Armorial	158971	gris	1922	Keris 93769	Karata 96279
Armoricain	158974	gris	1922	Soissonnais 139160	Nysa 117310
Armurier	156727	gris-clair	1922	Roc 132979	Quce 129546
Armurier	158980	gris-bleu	1922	Sabot 137038	Paroi 127871
Arnaga	155247	gris-fer	1922	Souvenons 136704	Manne 105601

NOM	Nº	ROBE	Naissance	PÈRE	MÈRE
Arnault	159667	noir	1922	Sélin 139862	Rupture 136108
Arnica	155948	noir	1922	Saturnien 137115	Ouve 122758
Arno	157602	noir	1922	Négligent 112708	Gigolette 74979
Arno	159671	gris	1922	Strasbourg 139864	Osche 123709
Aromate	156728	gris-foncé	1922	Roc 132979	Paresse 127825
Arouet	157604	gris	1922	Polus 126947	Fanchette 98455
Arouet	159675	gris	1922	Spoy 139870	Noctiflore 117956
Arpajon	157612	gris	1922	Négligent 112708	Taxenne 142430
Arpajon	159681	gris	1922	Sans-Souci 139958	Rustaude 136117
Arpent	155797	noir-zain	1922	Fier-à-Bras 65250	Fagotte 84373
Arpent	156880	noir	1922	Quirat 128885	Kapitule 90764
Arpent	156921	gris-foncé	1922	Remisier 133326	Noirceur 114785
Arpent	157678	gris-foncé	1922	Quinola 130134	Mireille 109134
Arpenteur	156922	noir	1922	Redoublé 133131	Kommode 91981
Arpenteur	158983	gris	1922	Mercy 105783	Rénitente 135566
Arqué	155716	gris-vin.	1922	Sage 138029	Montagne 105389
Arrachis	158984	gris	1922	Saumur 139480	Pastorale 127932
Arras	155863	gris-f.-v.	1922	Sérum 136999	Labastille 99144
Arras	156331	gris	1922	Soupirail 137701	Plage 126051
Arras	157611	gris	1922	Polus 126947	Javotte 86889
Arras	159686	gris	1922	Strasbourg 139864	Moyenne 110824
Arrêt	156734	bai	1922	Quaduc 129371	Pépinière 124969
Arrêté	155774	noir	1922	Poison 125365	Palme 125312
Arrian	156733	noir	1922	Quaduc 129371	Quarcassonne 129281
Arrière	155140	bai-chât.	1922	Strongle 138148	Soupière 136694
Arriéré	155203	noir	1922	Quirat 128885	Quatrepattes 129331
Arrighi	157614	gris	1922	Polus 126947	Quatremère 131107
Arrighi	159687	gris	1922	Saumur 140178	Rusée 136112
Arrive	155827	gris	1922	Santander 138727	Rechine 133433
Arriviste	156929	bai-marr.	1922	Soudard 137672	Mirza 107553
Arriviste	160056	alezan-br.	1922	Marocain 107904	Navarre 113088
Arrogant	156930	bai-m. t. f.	1922	Soudard 137672	Margot 107554
Arrogant	158987	gris	1922	Saumur 139480	Salmaise 139380
Arroi	156931	noir-zain	1922	Saponacé 137099	Organisation 120971
Arroi	158988	gris	1922	Keris 93769	Hermione 97011
Arrosoir	158989	gris	1922	Keris 93769	Ibéride 83166
Arroyau	156933	gris-clair	1922	Saponacé 137099	Siraudière 136742
Arroyo	158990	gris-bleu	1922	Keris 93769	Quompagnie 131999
Ars	156934	gris-foncé	1922	Saumur 136404	Lamineuse 101716
Arsenal	158992	noir	1922	Sarzeau 139443	Limone 103985
Arsenal	159398	gris foncé	1922	Saumur 136404	Profuse 126347
Arsène	156842	gris	1922	Qualot 131492	Dodinette 64372
Arsène	157615	gris	1922	Kagot 92240	Nostalgie 112508
Arsenic	156182	gris-foncé	1922	Polus 126947	Lyssa 103195

NOM	N°	ROBE	Naissance	PÈRE	MÈRE
Arsenic	158998	gris-bleu	1922	Rinceur 135862	Lioube 101508
Arsénieux	156184	gris-foncé	1922	Manillon 110245	Ondulation 121653
Arsin	156183	gris-foncé	1922	Polus 126947	Rhétie 134299
Arsis	156186	gris-foncé	1922	Remisier 133326	Ligue 98752
Art	155890	gris-foncé	1922	Poison 125565	Phrasie 124638
Artaban	157617	noir	1922	Négligent 112708	Coda 66879
Artaban	159688	noir	1922	Nicobar 118452	Oméga 123724
Artaban	159694	gris	1922	Nénuphar 117675	Ocanette 124040
Artagnan	155831	gris-vin.	1922	Sabarat 139316	Nicotte 112463
Artagnan	159690	gris	1922	Nénuphar 117675	Lina 103820
Artémis	159691	noir	1922	Sélin 139862	Héloïse 104762
Artésien	155673	noir	1922	Souvenons 136704	Oseille 120000
Artésien	156189	noir	1922	Raynouard 133959	Saillante 138602
Arthon	155175	gris-foncé	1922	Saleux 139360	Mémoire 105630
Arthur	155054	bai	1922	Roussin 134466	Poêlée 125533
Arthur	155119	gris-fer	1922	Saturnien 137113	Galère 71343
Arthur	155658	gris-foncé	1922	Pélissier 126603	Mariola 68130
Arthur	155861	noir	1922	Supérieur 137000	Lingerie 98656
Arthur	156238	gris	1922	Perturbateur 125648	Quarte 129807
Arthur	158482	noir	1922	Quanard 131542	Pylade 127416
Arthus	155720	gris	1922	Sage 138029	Outrage 120638
Arthus	156225	noir	1922	Perturbateur 125648	Sautelle 137145
Arthus	156308	gris	1922	Séducteur 137280	Karrure 92534
Artichaut	155057	noir	1922	Poison 125565	Gazelle 69920
Artichaut	155174	gris	1922	Sonnant 137627	Quirine 129043
Artichaut	156190	noir	1922	Raynouard 133959	Minute 107864
Artichaut	159000	gris-foncé	1922	Rêvasseur 135749	Perrette 127900
Article	155228	noir	1922	Sorcier 136545	Secte 136630
Article	155972	gris	1922	Romand 135963	Panerée 127726
Artifice	155169	gris-foncé	1922	Quaduc 129371	Magnésie 105614
Artifice	156848	noir	1922	Quirat 128885	Paupe 124342
Artificiel	155082	gris	1922	Ramoneur 133946	Opportune 119339
Artificiel	156192	gris-vin.	1922	Polonais 125998	Hardie 77829
Artificiel	159001	gris-foncé	1922	Kéris 93769	Muscade 109481
Artificier	156194	gris-foncé	1922	Saponacé 137099	Huppe 77187
Artilleur	156195	bai-cerise	1922	Qroisy 130286	Pommeraie 126017
Artilleur	156755	noir-zain	1922	Somerset 139183	Libérale 99731
Artilleur	159003	gris	1922	Kéris 93769	Occupante 122838
Artilleur	160041	bai-brun	1922	Polus 126947	Mignonne 108587
Artimon	156197	noir	1922	Malplaquet 107145	Omophagie 121629
Artimon	159007	gris	1922	Quompromis 132021	Irénée 93505
Artisan	156198	noir-zain	1922	Lichas 98731	Roche 134405
Artisan	156229	gris	1922	Simbleau 136949	Régine 133495
Artisan	157692	bai-foncé	1922	Quinola 130134	Miebonne 109225
Artisan	159005	noir	1922	Salasc 139347	Muscadine 109485

NOM	N°	ROBE	Naissance	PÈRE	MÈRE
Artisan	160038	gris-foncé	1922	Polus 126947	Musaraigne 108605
Artison	159012	gris-foncé	1922	Salase 139347	Oxydation 123336
Artiste	155224	gris-foncé	1922	Souvenons 136704	Souricière 136875
Artiste	156282	noir	1922	Receveur 133074	Orcanète 119386
Artiste	156419	gris	1922	Quaduc 129371	Messe 105586
Artiste	156424	gris	1922	Receveur 133074	Pavane 62772
Artiste	156936	gris-foncé	1922	Saponacé 137099	Poularde 126125
Artiste	158950	gris	1922	Sabot 137038	Mélodie 111255
Artiste	159011	noir	1922	Quompromis 132021	Obéissance 122779
Artiste	160052	noir	1922	Marocain 107904	Narbonne 113087
Artois	159693	gris	1922	Orchampt 121527	Hégire 97726
Artrite	155088	gris-foncé	1922	Pantin 124490	Synode 138078
Artur	155089	gris-foncé	1922	Pantin 124490	Symétrie 138079
Arum	156937	gris-foncé	1922	Stellionat 137835	Quaune 128868
Arum	159018	gris-foncé	1922	Sardonien 140136	Opérette 123067
Arundel	159696	gris	1922	Morniflard 106131	Kadette 95460
Arvor	156411	gris	1922	Pouff 124218	Pensée 124249
Aryen	156940	noir	1922	Stellionat 137835	Nasilleuse 113944
Arzamas	159703	gris	1922	Spancourt 139925	Méduse 104873
Arzano	159701	gris	1922	Impérator 83461	Gerveuse 72636
Arzel	156945	noir	1922	Stellionat 137835	Reinette 132920
As	155128	gris-foncé	1922	Ramoneur 133946	Perrine 124229
As	155841	noir	1922	Saturnien 137115	Rayure 133625
Asaret	156944	noir	1922	Saponacé 137099	Kuisse 91884
Asaret	159019	gris-foncé	1922	Keris 93769	Risible 135884
Ascalon	157621	noir	1922	Négligent 112708	Jumelle 88347
Ascalon	159702	gris	1922	Strasbourg 139864	Plaisance 128445
Ascanio	155053	gris	1922	Séducteur 137280	Kymrique 90339
Ascaris	155188	noir	1922	Sonnant 137627	Montretout 105617
Ascendanté	156942	gris-clair	1922	Saponacé 137099	Kapitale 90757
Ascenseur	156943	noir	1922	Saponacé 137099	Lécheuse 103315
Ascien	156948	gris-foncé	1922	Saumur 136404	Sagesse 136761
Ascien	159021	gris-bleu	1922	Saumur 139480	Quomporte 132019
Ascoli	155626	noir	1922	Séducteur 137280	Luette 99795
Ascoli	157622	noir	1922	Négligent 112708	Obtrée 122408
Ascoli	159700	gris	1922	Péplum 124974	Kazane 97204
Ascolus	156507	gris	1922	Salbry 138859	Papule 125488
Asd'atout	157597	noir	1922	Polus 126947	Javotte 90216
Aseptique	155133	gris-foncé	1922	Ramoneur 133946	Perfoliée 125009
Asiarcat	156950	gris	1922	Quadricycle 128838	Maltose 107641
Asiatique	156483	gris	1922	Sauteur 137147	Noblesse 113829
Asparagine	159022	gris	1922	Keris 93769	Onde 123896
Aspect	156951	gris-foncé	1922	Saumur 136404	Catherine 49186
Aspect	159023	gris-bleu	1922	Servian 138921	Paresse 128671
Aspersoir	156953	gris-clair	1922	Stellionat 137835	Sphyrène 137763

NOM	N°	ROBE	Naissance	PÈRE	MÈRE
Aspet	159707	gris	1922	Spancourt 139925	Litote 103882
Aspic	156954	gris-foncé	1922	Sabreur 136429	Konsigne 94567
Aspic	157689	noir	1922	Senon 139596	Nobène 116227
Aspic	159024	noir	1922	Servian 138921	Olive 123982
Aspirail	156957	noir	1922	Saponacé 137099	Grimpante 69991
Aspirail	159025	gris-vin.	1922	Sardonien 140136	Rifle 135839
Aspirant	156963	alezan-cl.	1922	Névrosé 113735	Nymphe 112771
Aspirant	159029	gris	1922	Médisant 105527	Prépuce 124583
Aspirateur	156964	gris-foncé	1922	Kalot 92507	Lunelle 101321
Asquit	155080	noir	1922	Ramassetout 133573	Quabistra 129054
Assam	157626	gris	1922	Négligent 112708	Morue 106648
Assas	157628	noir	1922	Négligent 112708	Numantine 113593
Assas	159708	gris-tr.-f.	1922	Spoy 139870	Ouainville 123737
Assassin	156749	gris	1922	Somerset 139183	Laraie 98688
Assaut	156859	gris-foncé	1922	Pélissier 126603	Quorbière 130944
Assaut	159031	gris-foncé	1922	Saumur 139480	Patrie 127987
Assidu	159034	bai-brun	1922	Scribe 138056	Niquette 118494
Assignat	156973	gris-tr.-cl.	1922	Névrosé 113735	Obturante 120135
Assignat	159035	gris-bleu	1922	Rêvasseur 135749	Italienne 79322
Assis	156974	noir	1922	Saponacé 137099	Rapide 66552
Assis	159037	gris	1922	Mercy 105783	Spécialité 138249
Assistant	159038	gris	1922	Quasson 131729	Traque 143650
Associé	159041	gris	1922	Scribe 138056	Patarasse 127942
Assolant	159710	gris-tr.-f.	1922	Spancourt 139925	Sandaraque 140090
Assommant	156976	gris-tr.-cl.	1922	Saponacé 137099	Momotte 106073
Assommoir	156873	gris	1922	Qualot 131492	Pactole 126894
Assouci	157630	gris	1922	Négligent 112708	Oualéga 122358
Assouci	159719	gris	1922	Lédon 104823	Souche 139801
Assoupi	155264	gris	1922	Souvenons 136704	Kousseine 90645
Assuérus	157635	noir	1922	Négligent 112708	Négrotine 115637
Assuérus	159713	gris	1922	Ostabat 123735	Nimbée 117919
Assur	159716	gris	1922	Lédon 101823	Oualéga 123493
Assureur	159047	gris-foncé	1922	Rêvasseur 135749	Ohrida 123387
Assyrien	156482	gris	1922	Sauteur 137147	Persuasive 125643
Assyrien	156082	noir	1922	Saponacé 137099	Naïveté 112790
Assyrien	159052	gris-fer	1922	Keris 93769	Neuvialle 117402
Astaffort	159717	gris	1922	Régis 134284	Käprière 97478
Astarac	159720	gris	1922	Polonais 125998	Irma 68886
Aster	155901	gris	1922	Strongle 138148	Tulipe 141074
Aster	156985	noir	1922	Saponacé 137099	Noyade 112900
Aster	159050	gris	1922	Keris 93769	Orange 123101
Aster	159721	gris	1922	Oct 118821	Roulante 136005
Astérabad	157638	noir-zain	1922	Néflier 114919	Négative 115676
Astérabad	159723	gris	1922	Sans-Souci 139958	Jonquille 86650
Astéroïde	156754	gris	1922	Quirat 128885	Ravenne 133759

NOM	N°	ROBE	Naissance	PÈRE	MÈRE
Asthénie	159051	gris	1922	Quompromis 132021	Rhétorique 135800
Asthme	156813	gris	1922	Saurin 137437	Ouste 121076
Asti	157639	noir-m.-t.	1922	Néflier 111919	Oméga 121623
Asti	159054	gris-foncé	1922	Sombacour 139758	Saubusse 139455
Asti	159727	gris-foncé	1922	Maquis 110284	Ostéine 123815
Astic	156992	gris-foncé	1922	Saumur 136404	Neuvaine 113734
Astic	159055	bai-mar.	1922	Médisant 105527	Saucède 139457
Asticot	155268	noir	1922	Simbleau 136949	Kyste 89686
Asticot	155976	noir-zain	1922	Pélissier 126603	Gaspille 69860
Asticot	156431	gris	1922	Pouff 124218	Qualinerie 129421
Asticot	156994	noir	1922	Saponacé 137099	Kornique 91636
Asticot	159056	noir	1922	Médisant 105527	Quonduite 132053
Asticot	160042	noir	1922	Polus 126947	Ironique 80158
Astique	155727	alezan-rub	1922	Sage 138029	Salicylique 136662
Aston	157643	noir	1922	Négligent 112708	Sarabande 138479
Astra	155896	gris	1922	Pantin 124490	Palerme 125404
Astracan	155823	noir	1922	Poison 125565	Indiana 54498
Astracan	159060	gris-foncé	1922	Saumur 139480	Nageoire 117526
Astrakan	155087	gris	1922	Ramoneur 133946	Ovale 119068
Astrakan	156995	gris-clair	1922	Saumur 136404	Glissière 70025
Astrakan	157676	noir-zain	1922	Sion 139143	Musicienne 109219
Astrakan	159058	gris	1922	Keris 93769	Quoupole 132374
Astral	155738	gris	1922	Santos 138735	Revel 133870
Astral	156996	noir	1922	Saumur 136404	Sputation 137804
Astral	157467	noir	1922	Malplaquet 107145	Nécule 116551
Astral	159065	gris	1922	Keris 93769	Orbicole 123117
Astre	155233	gris-foncé	1922	Quaduc 129371	Godichonne 70357
Astre	155701	gris	1922	Pélissier 126603	Rusée 133810
Astre	155743	gris	1922	Qualot 131492	Rosée 134557
Astrolabe	156804	gris-foncé	1922	Saurin 137437	Ouverture 121092
Astrologue	155202	gris	1922	Pélissier 126603	Nouméa 112389
Astrologue	156897	gris	1922	Quaduc 129371	Krinoline 90558
Astrologue	156997	noir	1922	Quirat 128885	Offre 120214
Astrologue	159068	gris	1922	Keris 93769	Face 67704
Astronome	155192	gris-foncé	1922	Ramassetout 133573	Obeidel 120010
Astrubal	155966	gris	1922	Régisseur 133613	Mosaïque 105748
Astruc	157644	bai	1922	Néflier 111919	Guimbarde 69035
Astruc	159824	gris-foncé	1922	Radeau 134903	Quenotte 132609
Astuce	155077	gris-foncé	1922	Ramoneur 133946	Herminie 74523
Astucieux	155640	gris-foncé	1922	Pélissier 126603	Rottière 132914
Astucieux	155961	gris	1922	Réalgar 135244	Rosa 133292
Astucieux	159070	gris-foncé	1922	Keris 93769	Muqueuse 109470
Astuvu	155674	noir	1922	Souvenons 136704	Herse 74103
Astyanax	157645	noir	1922	Néflier 111919	Jacante 98432
Astyanax	159825	gris-rouan	1922	Quaiman 129648	Mazurke 111193

NOM	N°	ROBE	Naissance	PÈRE	MÈRE
Asuras	159826	noir	1922	Radeau 134903	Séductrice 140077
Asyndéton	156903	noir	1922	Sorcier 136545	Ophélie 119755
Atala	157647	noir-zain	1922	Illettré 81310	Ombrine 121622
Atala	159827	noir	1922	Maquis 110284	Réclusion 136168
Ataman	156444	gris	1922	Nyctalope 113635	Imbert 78969
Atchin	159828	gris	1922	Maquis 110284	Pirogue 128731
Atelier	156177	gris	1922	Saponacé 137099	Stella 136980
Atelier	156999	gris-foncé	1922	Saumur 136404	Orignolle 120029
Atelier	159073	gris	1922	Saumur 139480	Orcanette 123124
Athabasca	157648	noir	1922	Néllier 111919	Québec 131108
Athabasca	159829	gris-rouan	1922	Lédon 101823	Rustre 136128
Athalaric	159830	gris	1922	Québec 132753	Récidive 136170
Athanase	158694	gris-tr.-f.	1922	Radeau 134903	Sarabande 139066
Athée	160044	noir	1922	Polus 126947	Florida 62380
Athéna	159832	noir	1922	Médisant 105527	Pertuisane 128225
Athénée	159083	noir	1922	Servian 138924	Quonstante 132123
Athermal	157001	gris-tr.-f.	1922	Saumur 136404	Oriole 120035
Athermal	159075	gris	1922	Keris 93769	Omophagie 123019
Atherton	159835	noir	1922	Spancourt 139925	Nausée 118391
Athis	157724	gris-foncé	1922	Sanderling 136440	Salonique 138288
Athis	159837	noir	1922	Spancourt 139925	Oublie 122574
Athlète	156753	gris	1922	Quirat 128885	Indienne 80479
Athlète	156935	gris	1922	Quissac 130271	Limonade 101358
Athlète	157003	gris-t.-cl.	1922	Saumur 136404	Obtuse 120134
Athos	156039	gris-foncé	1922	Pégoud 126957	Hollandaise 77418
Athos	156126	noir	1922	Komplex 91539	Neuvième 114396
Athos	156272	noir	1922	Séducteur 137280	Lisse 100309
Athos	157690	noir	1922	Senon 139396	Surprise 138842
Athos	157729	gris-foncé	1922	Sapor 138736	Rainneville 134987
Athos	158951	gris	1922	Sabot 137038	Ovulation 123333
Athos	159838	gris-tr.-f.	1922	Strasbourg 139864	Querelle 132620
Atkins	156122	alezan	1922	Japon 84819	Lucie 101954
Atlante	155742	gris	1922	Poison 125565	Hamerthume 76283
Atlante	159078	gris	1922	Keris 93769	Quartelette 132735
Atlantique	155243	gris-fer	1922	Quaduc 129371	Lotte 100384
Atlas	155242	gris	1922	Quaduc 129371	Juive 85389
Atlas	156901	gris-tr.-f.	1922	Sorcier 136545	Royale 133580
Atlas	157004	noir	1922	Sénateur 138093	Livonie 103056
Atlas	157684	noir-zain	1922	Quinola 130134	Kina 94372
Atlas	157734	noir	1922	Sanderling 136440	Qualpurnia 130670
Atlas	159079	gris	1922	Keris 93769	Ivorine 83184
Atlas	159839	gris-foncé	1922	Spancourt 139925	Sambuque 140083
Atoll	157006	noir	1922	Quadricycle 128838	Poupée 126141
Atoll	159084	noir	1922	Remonteur 134855	Renaude 134606
Atome	156101	gris	1922	Quirat 128885	Quoriacée 130539

NOM	N°	ROBE	Naissance	PÈRE	MÈRE
Atome	157008	gris-foncé	1922	Moineau 106576	Orniche 120050
Atonie	156826	alezan-br.	1922	Poison 125565	Perle 125025
Atour	156827	gris	1922	Quadne 129371	Tropique 141054
Atour	157009	gris-foncé	1922	Quadricycle 128838	Lasensive 97774
Atour	159087	gris-foncé	1922	Régis 134284	Tresse 143691
Atout	155288	gris	1922	Ramassetout 133573	Orgette 119187
Atout	155875	gris-foncé	1922	Pélissier 126603	Ondura 120575
Atout	157010	gris	1922	Quadricycle 128838	Perruse 126049
Atout	159089	gris-clair	1922	Saumur 139480	Ribote 135831
Atoutcœur	155894	gris-foncé	1922	Poison 125565	Ramsgate 133857
Atoutpique	157596	noir	1922	Polus 126947	Nitouche 115539
Atrium	157013	gris-foncé	1922	Lichas 98731	Remonte 133348
Atrium	159090	gris-bleu	1922	Rêvasseur 135749	Jahel 93506
Atroce	159091	gris	1922	Keris 93769	Saunière 139479
Atropos	157736	gris	1922	Sanderling 136440	Garmante 98383
Atropos	159841	gris-foncé	1922	Strasbourg 139864	Muscardine 110873
Attaché	159092	noir	1922	Koch-ex-Kourlis 95894	Nattage 117358
Attacus	157016	noir	1922	Quadricycle 128838	Naphaline 114023
Attacus	159095	gris	1922	Rêvasseur 135749	Hardie 90126
Attaman	156907	gris	1922	Sorcier 136545	Salivation 136636
Atteint	159096	noir-l.-r.	1922	Sombacour 139758	Pauvresse 128012
Attelage	155741	noir-zain	1922	Poison 125565	Laque 97853
Attend	155226	noir	1922	Ramassetout 133573	Ramette 133587
Attendu	159098	gris	1922	Keris 93769	Organisée 123132
Attentat	156871	noir	1922	Quadricycle 128838	Nisette 112586
Attentat	158619	gris-cl.-a.	1922	Klocher 95657	Jambette 88737
Attentat	159099	noir-rub.	1922	Saumur 139480	Kathargol 97230
Attentif	155177	gris	1922	Strongle 138148	Justicia 85803
Attentif	157029	gris-foncé	1922	Quadricycle 128838	Orpheline 119333
Attentif	159100	gris	1922	Saumur 139480	Orgueilleuse 123160
Attention	155980	gris	1922	Serpentin 138275	Option 120969
Attichy	157738	noir	1922	Sanderling 136440	Impartiale 80981
Attichy	159844	gris-foncé	1922	Ostabat 123735	Nation 118241
Atticus	157740	noir	1922	Sanderling 136440	Javelotte 87983
Atticus	159845	gris-foncé	1922	Strasbourg 139864	Orchidée 122958
Attier	157021	gris-tr.-f.	1922	Lichas 98731	Rouge 134726
Attifet	156824	gris	1922	Poison 125565	Raguse 133949
Attifet	157022	gris-foncé	1922	Lichas 98731	Narrative 112810
Attigny	159847	gris-foncé	1922	Lédon 101823	Latte 104409
Attila	155969	gris	1922	Quasson 131729	Quandale 131758
Attila	156118	bai	1922	Ornain 119960	Muguette 108668
Attila	156178	noir	1922	Saponacé 137099	Qrasse 128964
Attila	157741	gris-foncé	1922	Serpentin 138275	Laisse 102068
Attila	159849	gris-foncé	1922	Lédon 101823	Nerveuse 116316
Attirail	158623	gris-tr.-f.	1922	Muet 109445	Laudative 104689

NOM	N°	ROBE	Naissance	PÈRE	MÈRE
Attirail	159103	gris	1922	Kéris 93769	Machine 109551
Attiseur	156910	gris	1922	Pélissier 126603	Léda 98924
Attiseur	157024	noir	1922	Lichas 98731	Paume 124741
Attisoir	157025	gris	1922	Stellionat 137835	Quoquette 130497
Attitré	157026	noir	1922	Stellionat 137835	Reine 133272
Attorney	157027	noir	1922	Saponacé 137099	Pardine 124920
Attracteur	157028	gris	1922	Sabreur 136429	Gastille 98068
Attrait	156914	noir	1922	Quirat 128885	Poussinette 125236
Attrait	157029	noir	1922	Stellionat 137835	Palisse 124919
Attrait	158621	noir	1922	Muet 109445	Négligente 117762
Attrapeur	158684	noir	1922	Nassau-ex-Neuilly 112606	Jacquette 88852
Attribut	157032	noir	1922	Saponacé 137099	Occupante 120136
Attribut	158685	gris-fer	1922	Nassau-ex-Neuilly 112606	Importune 82531
Attristé	155527	noir	1922	Quirat 128885	Larve 100665
Attroupement	158672	noir-j.-z	1922	Radeau 134903	Santaline 139050
Atys	157743	noir	1922	Quarteron 128953	Quarmélite 129478
Aubain	156911	noir	1922	Quirat 128885	Océanide 120596
Aubain	157033	gris-foncé	1922	Sabreur 136429	Qualcutta 130654
Aubain	159108	gris	1922	Sombacour 139758	Pavette 128017
Aubanel	157747	noir	1922	Sanderling 136440	Manchette 108361
Aubanel	159856	gris rouan	1922	Quayac 132444	Quontuse 132160
Aubenas	159853	noir-zain	1922	Strasbourg 139864	Miltiade 108520
Aubenas	159857	gris-tr.-f.	1922	Quayac 132444	Quête 132540
Aubenton	159858	bai	1922	Ostabat 123735	Ouline 123658
Auber	155105	noir	1922	Sonnant 137627	Lalerme 52393
Auber	157748	noir	1922	Sanderling 136440	Gravette 71820
Auber	159859	gris-foncé	1922	Sardonien 140136	Nigrine 116952
Aubergiste	158655	gris fer-f.	1922	Lutécien 102720	Parodie 127579
Aubergiste	159110	gris	1922	Satolas 139450	Orangeade 124012
Aubier	157034	gris-foncé	1922	Saponacé 137099	Ozeville 120104
Aubier	158651	noir	1922	Radeau 134903	Liliacée 104250
Aubifoin	157036	gris-foncé	1922	Stellionat 137835	Girouette 71818
Aubignac	157752	noir-zain	1922	Sanderling 136440	Quolombie 130867
Aubignac	159861	gris-foncé	1922	Maquis 110284	Lynche 104456
Aubigny	157753	noir-zain	1922	Roulans 134739	Touques 142103
Aubigny	159866	gris-rouan	1922	Sardonien 140136	Quohésive 131881
Aubin	158664	noir	1922	Lutécien 102720	Madeira 111054
Aubin	159114	noir	1922	Remonteur 134855	Novalaise 117487
Aubin	159867	gris-foncé	1922	Sardonien 140136	Parure 128703
Aubray	155864	gris-foncé	1922	Poison 125565	Limpide 97933
Aubriot	159868	noir	1922	Servian 138921	Quinette 132668
Aucuba	156913	noir	1922	Quirat 128885	Tulipe 140941
Aucuba	157037	gris-clair	1922	Saponacé 137099	Lamarche 101164
Aucuba	159117	gris-bleu	1922	Parfait 127827	Peccadille 128049
Audacieux	159118	noir	1922	Quinaud 132720	Quollusion 131918

NOM	N°	ROBE	Naissance	PÈRE	MÈRE
Audiencier	159119	gris-clair	1922	Servilly 139658	Née 116846
Auditeur	159126	noir	1922	Quinaud 132720	Pagale 127619
Auditoire	158594	gris-pom.	1922	Muet 109445	Orelia 122473
Auditoire	159123	noir	1922	Servilly 139658	Tinctoriale 143366
Audran	159871	gris-fer	1922	Sardonien 140136	Orsellie 123953
Augereau	159872	noir-m.-t.	1922	Servian 138921	Officine 123949
Auget	157042	noir	1922	Lichas 98731	Hermine 78062
Auget	159125	gris	1922	Servilly 139658	Ode 123367
Augment	159127	gris-foncé	1922	Servilly 139658	Novacelle 117489
Augué	159064	noir	1922	Rêvasseur 135749	Quonférence 132057
Augural	159128	bai	1922	Quinaud 132720	Ica 82979
Augure	159131	noir	1922	Salase 139347	Journée 87285
Auguste	157046	gris-clair	1922	Moineau 106576	Pouture 126167
Auguste	157755	gris	1922	Quarteron 128953	Kulasse 95299
Auguste	158595	gris-foncé	1922	Muet 109445	Passerelle 127535
Auguste	159132	gris-l.-v.	1922	Quinaud 132720	Mantinée 109597
Auguste	159874	gris	1922	Servian 138921	Morelle 104930
Augustin	156291	noir	1922	Séducteur 137280	Relâche 133285
Augustin	156821	gris	1922	Regrattier 133261	Olace 120235
Augustin	157760	bai-brun	1922	Récipé 135282	Jouvence 88540
Augustin	159136	noir	1922	Ratapoil 135870	Négriote 118324
Augustin	159875	gris-foncé	1922	Sardonien 140136	Bénédictine 68219
Aulète	159133	gris	1922	Servilly 139658	Jenny 88878
Aulis	159877	gris	1922	Servian 138921	Huguette 87618
Aulne	156808	gris-foncé	1922	Quaduc 129371	Nicoméde 112612
Aulnoy	157766	noir	1922	Malplaquet 107145	Reginglette 135383
Aulx	157050	noir	1922	Quirat 128885	Laverie 100696
Aulx	159134	gris	1922	Ratapoil 135870	Rondelle 136298
Aumônier	158691	gris-fer	1922	Radeau 134903	Nonciature 117752
Aumont	157768	bai-brun	1922	Quamelot 130750	Osseuse 122119
Aumusse	159142	noir-m.-t.	1922	Ratapoil 135870	Idole 98239
Aunay	155396	noir	1922	Sénat 136589	Sorbe 137639
Aunay	157276	gris-foncé	1922	Sapristi 137097	Quarantaine 128938
Auneau	157769	gris-foncé	1922	Quamelot 130750	Pureté 126858
Auneur	156820	gris	1922	Regrattier 133261	Quorsetière 130567
Aunis	159880	gris-foncé	1922	Sultan 139856	Quincaille 132676
Aupas	155258	gris	1922	Ramoneur 133946	Serpolette 136948
Aurate	156807	gris	1922	Quaduc 129371	Hamusante 76842
Auray	157771	gris	1922	Pampelune 124878	Nèpe 115717
Aurélien	157773	noir	1922	Sénateur 138093	Luciole 99928
Aurélien	159730	gris	1922	Maquis 110284	Quorsée 132284
Aurigan	156432	gris	1922	Pouff 124218	Trigéminée 141845
Aurignac	159731	gris	1922	Recteur 135313	Jouvencia 88826
Aurillac	157774	gris	1922	Quarteron 128953	Sicile 136459
Aurillac	159739	gris	1922	Ravignan 136302	Palombe 128718

NOM	N°	ROBE	Naissance	PÈRE	MÈRE
Auroch	159137	gris	1922	Servilly 139658	Harangère 77443
Auron	157775	noir	1922	Pampelune 124878	Lectrice 100520
Auron	159740	noir	1922	Spancourt 139925	Matellotte 111123
Auros	155294	gris	1922	Ramoneur 133946	Lisette 73374
Auros	159741	gris-rouan	1922	Strasbourg 139864	Quarantaine 132553
Auspice	159139	bai	1922	Servilly 139658	Peüle 128074
Aussi	155897	noir	1922	Pantin 124490	Jesthime 85937
Aussi	157051	noir	1922	Saumur 136404	Navaja 113950
Aussi	159140	alezan-a.	1922	Lutécien 102720	Régate 136313
Aussitot	159141	gris	1922	Lutécien 102720	Réfugiée 136312
Aussy	155227	gris-foncé	1922	Souvenons 136704	Traviata 140811
Auster	156811	gris	1922	Quaduc 129371	Loterie 100374
Auster	157052	noir-zain	1922	Somerset 139183	Abelette 66574
Austerlits	157777	gris-foncé	1922	Stellionat 137835	Prochaine 126331
Austerlitz	159742	gris-foncé	1922	Spancourt 139925	Sébille 139991
Austral	157054	gris-foncé	1922	Saumur 136404	Goyave 71072
Austral	158597	noir	1922	Muet 109445	Laloi 104368
Austral	159143	gris-foncé	1922	Ratapoil 135870	Hachette 74336
Australien	157055	noir	1922	Saponacé 137099	Strette 137871
Australien	158592	noir	1922	Nasseau-ex-Neuilly 112606	Brigade 63205
Australien	159144	gris-foncé	1922	Ratapoil 135870	Manon 109590
Austrasien	156309	noir	1922	Séducteur 137280	Sciure 137225
Austrasien	157656	gris-foncé	1922	Stellionat 137835	Prêcheuse 126185
Autan	157057	gris-foncé	1922	Stellionat 137835	Navigation 113959
Autan	159148	gris-foncé	1922	Quompromis 132021	Marguerite 109643
Autant	157059	bai	1922	Névrosé 113735	Métayère 57745
Autant	159152	gris-tr.-f.	1922	Saumur 139480	Pélate 128090
Autertre	159153	noir-zain	1922	Saumur 139480	Marie 109617
Auteuil	157780	gris	1922	Pampelune 124878	Ranchette 134994
Auteur	155709	gris	1922	Sorcier 136545	Quamichy 129243
Auteur	158650	gris f-e d-n	1922	Royal 133913	Nanette 117787
Authon	157781	gris	1922	Pampelune 124878	Orbrie 119920
Auto	155636	gris-foncé	1922	Pélissier 126603	Quemini 129962
Auto	157066	noir	1922	Stimulant 137850	Originale 119303
Auto	159166	gris	1922	Keris 93769	Quontenue 132138
Autocars	155132	noir-zain	1922	Strongle 138148	Retoquée 133562
Autochtune	156831	noir-m.-t.	1922	Pantin 124490	Souhise 138028
Autocrate	157067	gris-foncé	1922	Saponacé 137099	Nasaie 113938
Autodafé	157069	noir	1922	Stimulant 137850	Roye 134778
Autodafé	157782	noir	1922	Quarteron 128953	Surprime 138294
Autodafé	159161	gris-tr.-f.	1922	Keris 93769	Kyrielle 96330
Automate	156829	noir	1922	Pantin 124490	Lasagne 100669
Automate	159163	gris-foncé	1922	Keris 93769	Konidée 95779
Automédon	157070	noir	1922	Stimulant 137850	Mozette 106955
Automédon	159164	noir-zain	1922	Salase 139347	Naturalisation 117583

NOM	N°	ROBE	Naissance	PÈRE	MÈRE
Autorité	155735	gris	1922	Somerset 139183	Paspressée 124644
Autour	156830	gris	1922	Pantin 124490	Tisane 141112
Autour	157074	gris-foncé	1922	Raynouard 133059	Fanchon 57493
Autour	159166	gris-tr.-f.	1922	Salase 139347	Liaison 101884
Autrefois	159167	gris	1922	Koch-ex-Kourlis 95894	Location 101569
Autrichien	157077	gris-foncé	1922	Ouistreham 120076	Josseline 98171
Autrichien	159168	noir	1922	Obstructif 120705	Secrète 140027
Autrot	155166	gris	1922	Sorcier 136543	Mode 105905
Autruchon	156851	noir	1922	Quadricycle 128838	Romme 134691
Autruchon	159169	gris	1922	Orléans 121007	Sécurité 140028
Autun	157650	gris-foncé	1922	Nitrate 111699	Maille 107105
Autun	159748	gris-tr.-f.	1922	Sapor 138736	Perse 124395
Auvergnat	155641	gris-foncé	1922	Pélissier 126603	Notre 112308
Auvergnat	159173	gris	1922	Lutécien 102720	Pautière 127462
Auvernat	157080	noir	1922	Stimulant 137850	Raconteuse 134846
Auvillar	157651	bai	1922	Négligent 112708	Hursule 77389
Auxerre	157652	noir	1922	Polus 126947	Orgère 122306
Auxois	157656	alezan	1922	Mordicant 110698	Kartine 94613
Auxois	159752	gris-f.-r.	1922	Recteur 135313	Lucette 104399
Aval	159174	gris-foncé	1922	Récitateur 135287	Rinçure 135871
Avalanche	159172	noir	1922	Quinaud 132720	Risette 135868
Avaleur	156868	noir	1922	Quirat 128885	Mérendère 106403
Avaleur	159176	alezan	1922	Sébastopol 138274	Konserve 95790
Avallon	155690	gris-foncé	1922	Supérieur 137000	Prudente 123247
Avallon	157658	noir	1922	Quamelot 130750	Quonfrérie 130912
Avallon	159753	noir	1922	Maquis 110284	Kanche 97436
Avalos	159754	gris-foncé	1922	Orléans 121007	Quenotte 132588
Avançage	156746	gris	1922	Sénateur 138093	Saïda 64838
Avancé	157085	noir	1922	Ouistreham 120076	Prenante 126214
Avancement	156828	noir-m.-t.	1922	Pantin 124490	Loucherie 100386
Avant	155249	gris-foncé	1922	Souvenons 136704	Riposte 133565
Avant	156750	noir	1922	Fier-à-Bras 65250	Orgie 120728
Avant	159177	gris	1922	Servilly 139658	Riole 135872
Avantageux	159178	gris	1922	Servilly 139658	Numance 118249
Avare	157088	gris-foncé	1922	Receveur 133074	Identité 79702
Avare	159181	gris-clair	1922	Sardou 136391	Melpomène 111068
Avaricieux	159183	noir-zain	1922	Récitateur 135287	Lafosse 102778
Avarie	156227	gris	1922	Poull 124218	Olivette 119718
Avatar	157090	gris	1922	Séquoia 137376	Quittance 129238
Avatar	159184	noir	1922	Récitateur 135287	Sémerville 139570
Avatar	160050	gris-foncé	1922	Polus 126947	Hispanie 98347
Avé	156495	gris	1922	Rongetout 133602	Préville 125372
Avecmoi	156814	gris	1922	Regrattier 133261	Gamine 70777
Aven	157094	gris-clair	1922	Kalot 92507	Majorquine 105441
Aven	159186	noir-zain	1922	Sébastopol 138274	Réceptrice 135272

NOM	N°	ROBE	Naissance	PÈRE	MÈRE
Avenant	155657	gris-foncé	1922	Pélissier 126603	Kita 94067
Avenant	157095	gris	1922	Lichas 98731	Pallantide 126928
Avenant	159187	gris	1922	Lutécien 102720	Isaura 90150
Avenir	159188	gris	1922	Lutécien 102720	Salutation 139056
Avenir	160034	noir-zain	1922	Polus 126947	Hésione 98344
Avent	159191	gris-foncé	1922	Récitateur 135287	Pelote 128618
Aventin	157660	noir	1922	Mylord 107421	Ovulation 122350
Aventin	159757	alezan	1922	Recteur 135313	Quinaude 132600
Aventureux	157097	gris-tr.-f.	1922	Saponacé 137099	Kordelle 93663
Aventureux	159192	gris	1922	Lutécien 102720	Laloire 104353
Aventurier	156260	noir	1922	Rouleau 134450	Kondition 91136
Aventurier	156793	gris	1922	Savonneux 137163	Nempêchepas 1133
Aventurier	157099	gris	1922	Remisier 133326	Polka 75251
Aventurier	159193	gris-foncé	1922	Servilly 139658	Liane 104724
Avenu	157100	noir-zain	1922	Remisier 133326	Propriété 126400
Avenu	159194	noir	1922	Sardonien 140136	Nuit 118374
Avenzoar	157661	noir-zain	1922	Mylord 107421	Opérette 120856
Avéré	157101	gris	1922	Remisier 133326	Prospérité 126443
Avéré	159195	noir	1922	Servian 138921	Quontusion 132161
Averhas	155731	gris	1922	Ramassetout 133573	Qonette 130021
Avers	157103	noir	1922	Ouistreham 120076	Radicelle 132816
Avers	159197	noir-zain	1922	Servilly 139658	Kagosima 96356
Averti	157104	gris	1922	Ops 121242	Prose 126406
Averti	159201	gris	1922	Sardonien 140136	Judée 88990
Avertin	157105	gris	1922	Ops 121242	Herbette 77170
Avertin	159202	gris	1922	Remonteur 134855	Longévité 102610
Avertisseur	159203	gris	1922	Sardonien 140136	Lèche 101818
Avesne	155263	gris	1922	Ramoneur 133946	Karte 90501
Aveu	156817	gris	1922	Regrattier 133261	Biche 54155
Aveu	157106	noir	1922	Raynouard 133959	Note 113160
Aveuglant	157109	noir	1922	Ops 121242	Sécante 140044
Aveugle	157107	gris	1922	Ops 121242	Rabiole 134814
Aveugle	159205	gris	1922	Koch-ex-Kourlis 95894	Ouche 123268
Aveyron	156252	noir	1922	Rouleau 134450	Nouure 113910
Aveyron	157662	noir	1922	Mylord 107421	Serrure 137421
Aveyron	159758	noir-zain	1922	Recteur 135313	Sultane 81571
Avezac	157663	gris-foncé	1922	Mylord 107421	Quaptive 130760
Aviateur	155801	gris-foncé	1922	Reynal 132841	Pocharde 125502
Aviateur	157110	gris	1922	Ops 121242	Nuance 112907
Aviateur	159209	noir	1922	Salase 139347	Nigata 116400
Avienus	157664	gris	1922	Mylord 107421	Kava 95371
Avienus	159759	gris-rouan	1922	Recteur 135313	Nuit 118128
Avignon	157665	gris-foncé	1922	Mylord 107421	Quarabosse 130761
Avignon	159760	gris-foncé	1922	Recteur 135313	Koboldine 95955
Avignon	160036	rouan	1922	Marocain 107904	Lescot 103000

NOM	N°	ROBE	Naissance	PÈRE	MÈRE
Avila	157666	gris	1922	Mylord 107421	Servante 137422
Avilisseur	157114	noir	1922	Ops 121242	Konstance 93596
Avion	157164	gris-foncé	1922	Raynouard 133959	Nimbée 114982
Aviron	156823	gris	1922	Regrattier 133261	Inverse 80588
Aviron	157117	noir	1922	Ops 121242	Jubine 85605
Aviron	159213	gris-vin.	1922	Salase 139347	Truculence 143875
Avis	157118	noir	1922	Ops 121242	Malvina 68751
Avis	159214	gris	1922	Salase 139347	Laurée 101790
Avisé	157120	gris	1922	Remisier 133326	Orense 121261
Avisé	159216	gris	1922	Salase 139347	Joinville 87445
Aviso	157119	gris-foncé	1922	Remisier 133326	Quoloniale 130314
Avit	157788	gris-foncé	1922	Pampelune 124878	Madrilène 109783
Avit	159767	noir	1922	Ravignan 136302	Sauvagine 140025
Avitus	157789	gris-rouan	1922	Pampelune 124878	Quonstance 130918
Avitus	159768	gris-f.-r.	1922	Schnick 140022	Quinteuse 132721
Aviveur	160028	gris	1922	Polus 126947	Herminette 74509
Avocassier	157121	noir	1922	Quintanar 129225	Laviorne 97820
Avocat	155794	gris-foncé	1922	Fier-à-Bras 65250	Oréditée 130003
Avocat	156231	gris	1922	Roussin 134466	Idylle 78590
Avocat	156815	alezan	1922	Regrattier 133261	Taupiac 60459
Avocat	157124	gris	1922	Raynouard 133959	Nice 114410
Avocat	159225	gris-foncé	1922	Saintesprit 138197	Ouralienne 123285
Avocatier	157126	noir	1922	Remisier 133326	Niche 114411
Avocatier	159232	gris	1922	Récitateur 135287	Omessa 121733
Avogadro	156497	gris	1922	Sarcome 136375	Péseta 125657
Avoir	157125	noir-zain	1922	Remisier 133326	Lili 61788
Avoira	156822	gris	1922	Saurin 137137	Souvenance 137740
Avólo	156443	noir	1922	Séquoia 137376	Picholine 125748
Avoué	155865	alezan	1922	Sérum 136999	Sadowa 138270
Avoué	157129	noir	1922	Quintanar 129225	Isméne 81147
Avoué	159229	gris-foncé	1922	Récitateur 135287	Landaise 101137
Avricourt	155223	gris-foncé	1922	Souvenons 136704	Mausade 105708
Avricourt	155943	noir	1922	Poison 125565	Quotepart 130127
Avricourt	159635	gris	1922	Nérac 112728	Perthes 128508
Avril	155706	gris	1922	Sérum 136999	Pline 125252
Avril	155753	gris	1922	Fier-à-Bras 65250	Lamproie 97862
Avril	156867	noir	1922	Fier-à-Bras 65250	Marsaille 107271
Avril	157130	noir	1922	Remisier 133326	Laborde 98845
Avril	157468	bai-zain	1922	Importun 80576	Saratoga 138739
Avril	157713	gris-clair	1922	Marocain 107904	Marinette 109092
Avril	159231	gris	1922	Récitateur 135287	Outillée 123295
Avril	160031	gris-foncé	1922	Polus 126947	Négrita 116920
Avrillet	157131	noir	1922	Raynouard 133959	Note 114425
Avrillet	159230	noir-rub.	1922	Sébastopol 138271	Seranville 139607
Axat	157791	gris	1922	Récipé 135282	[illegible] 140019

NOM	N°	ROBE	Naissance	PÈRE	MÈRE
Axe	156095	gris	1922	Quaduc 129371	Ronceraie 134265
Axe	157139	gris	1922	Succédané 137925	Koquine 91826
Axial	157140	gris	1922	Raynouard 133959	Nitreuse 114746
Axial	159234	gris	1922	Saintesprit 138197	Palmyre 128031
Axillaire	157142	noir	1922	Succédané 137925	Oletta 121204
Axiome	155952	noir	1922	Saturnien 137115	Kraquette 92766
Axiome	156806	gris	1922	Sonnant 137627	Ocreuse 118812
Axiome	157143	noir-zain	1922	Komplex 91539	Humelière 77177
Axiome	159235	gris-bleu	1922	Récitateur 135287	Navarine 117613
Axiomètre	157145	gris-foncé	1922	Komplex 91539	Olive 121210
Axis	156147	gris	1922	Sonnant 137627	Perse 125356
Axis	157146	gris	1922	Pampelune 124878	Quonche 130898
Axis	159237	alezan	1922	Sébastopol 138271	Rivièrette 135907
Axum	157792	noir zain	1922	Récipé 135282	Mœnadès 109312
Ayan	157147	gris	1922	Succédané 137925	Naumarchie 143996
Ayan	159241	noir-rub.	1922	Lutécien 102720	Péotte 128152
Ayapana	156801	gris	1922	Quaduc 129371	Outarde 121077
Ayapana	157148	gris	1922	Succédané 137925	Race 134829
Ayapana	159243	noir	1922	Récitateur 135287	Rixdale 135910
Aymon	157794	noir	1922	Pampelune 124878	Mordelle 109747
Ayr	157797	noir	1922	Qroisy 130286	Kamine 95071
Ayrant	159770	gris	1922	Québec 132753	Réclame 136169
Azédarac	157149	gris	1922	Succédané 137925	Mirontaine 106827
Azédarac	159244	gris	1922	Récitateur 135287	Quoqueluche 132198
Azal	157151	gris-foncé	1922	Succédané 137925	Sujétion 137966
Azal	159246	noir	1922	Salase 139347	Larive 102866
Azemar	156239	gris	1922	Perturbateur 125648	Io 80762
Azerolier	157155	gris	1922	Succédané 137925	Tamatave 142200
Azigos	157175	noir	1922	Remisier 133326	Osuna 121301
Azimul	156415	gris	1922	Quaduc 129371	Longue 101263
Azimut	157158	noir	1922	Succédané 137925	Praline 126172
Azimut	159249	gris	1922	Salase 139347	Lairesse 102793
Azimutal	157160	noir	1922	Raynouard 133959	Nécrologie 112701
Azimuth	156799	gris	1922	Quaduc 129371	Jactance 85662
Azincourt	159771	gris-f.-r.	1922	Maquis 110284	Scorie 140010
Aziz	158932	gris	1922	Quaduc 129371	Qualandre 129674
Azor	155789	gris	1922	Qualot 131492	Injure 80008
Azor	156365	gris	1922	Roussin 134466	Nieulle 114228
Azor	156745	gris	1922	Quirat 128885	Vénitienne 58345
Azote	157161	gris	1922	Succédané 137925	Noce 114760
Azoté	157165	gris	1922	Remisier 133326	Ossète 121293
Azoth	159772	gris-foncé	1922	Orléans 121007	Quartine 132578
Azoulay	156336	gris	1922	Sauteur 137147	Nicole 114221
Azov	159773	gris	1922	Ravignan 136302	Rétine 136165
Aztèqua	155881	gris	1922	Ramoneur 133946	Onézie 120633

NOM	N°	ROBE	Naissance	PÈRE	MÈRE
Aztèque	156414	gris	1922	Rongetout 133602	Mérope 105803
Azulejos	157166	gris-foncé	1922	Remisier 133326	Kopale 93639
Azur	156162	gris-foncé	1922	Quasi 128865	Ramée 135091
Azur	156353	noir	1922	Nyctalope 113635	Nyssia 117314
Azur	156805	noir	1922	Regrattier 133261	Kansarde 91096
Azur	157171	noir	1922	Remisier 133326	Qualenzana 130657
Azur	159252	gris	1922	Quompromis 132021	Troublante 143859
Azur	160014	noir	1922	Obturant 120130	Quonvention 130465
Azygos	156463	noir	1922	Quaduc 129371	Quilimanie 129196
Azyme	157176	noir	1922	Remisier 133326	Pagerie 125974

STUD-BOOK PERCHERON

JUMENTS

STUD-BOOK PERCHERON

JUMENTS

NOM	N°	ROBE	Naissance	PÈRE	MÈRE
Abaca	158027	gris-foncé	1922	Mercy 105783	Quassine 131721
Abadie	159253	grise	1922	Quompromis 132021	Riche 134313
Abainville	157800	grise	1922	Pampelune 124878	Quope 130928
Abajoue	155062	bai-br.-f.	1922	Mylord 107421	Marmite 107201
Abajoue	158028	noire	1922	Pilon 127251	Latitude 98683
Abajoue	158631	alezane	1922	Sébastopol 138271	Nacrée 117768
Abajoue	159776	gris-foncé	1922	Ravignan 136302	Saynète 140017
Abaque	158029	baie	1922	Recteur 135313	Roxane 134756
Abaque	158627	gris-clair	1922	Lutécien 102720	Nitreuse 117763
Abatage	155065	noire	1922	Rancart 132911	Nirette 111954
Abatée	155066	gris-foncé	1922	Mylord 107421	Octeville 122416
Abattue	155068	gris-foncé	1922	Jouillat 88642	Neuvelle 114515
Abattue	158030	gris-fer	1922	Récipé 135282	Ribéra 133338
Abatture	155070	noire	1922	Mylord 107421	Nécrose 117638
Abatture	158034	noire	1922	Importun 80576	Mésologie 110455
Abazie	157178	noire	1922	Remisier 133326	Gaulette 70577
Abazie	159254	noire	1922	Quompromis 132021	Normandie 117274
Abbadie	159256	grise	1922	Quompromis 132021	Orbitèle 123123
Abbaye	158031	gris-foncé	1922	Quamelot 130750	Systole 138632
Abbaye	158628	noire	1922	Lutécien 102720	Jardre 88415
Abbaye	159185	noire	1922	Récitateur 135287	Queatrition 132157
Abbaye	159258	grise	1922	Servilly 139658	Renommée 135572
Abbesse	155097	grise	1922	Sonnant 137627	Lichette 99101
Abbesse	158035	gris-foncé	1922	Pilon 127251	Gazelle 56238
Abbesse	158656	gris fer-f.	1922	Quaiman 129648	Quintease 129183

NOM	N°	ROBE	Naissance	PÈRE	MÈRE
Abbeville	156136	noire	1922	Sapor 138736	Nictation 115763
Abbeville	157189	noire	1922	Komplex 91539	Tutelle 142150
Abbeville	157801	noire	1922	Pampelune 124878	Orobanche 122076
Abdère	159261	grise	1922	Quompromis 132021	Manique 108297
Abduction	156775	grise	1922	Quaduc 129371	Kandale 91195
Abeille	155339	noire	1922	Succédané 137925	Naturelle 113989
Abeille	155463	noire	1922	Quiral 128885	Ionienne 80889
Abeille	155478	grise	1922	Sabreur 136429	Lignite 100077
Abeille	155490	noir-zain	1922	Ouistreham 120076	Panade 124676
Abeille	156945	grise	1922	Fier-à-Bras 65250	Pipée 125293
Abeille	156769	noire	1922	Regrattier 133261	Metella 106737
Abeille	157153	baie	1922	Raynouard 133959	Péroreuse 125344
Abeille	157722	noir-zain	1922	Pneu-ex-Palestro 126523	Salonique 138852
Abeille	158039	gris-fer	1922	Santander 138727	Onglée 120433
Abeille	158653	gris-fer	1922	Lutécien 102720	Quouture 132191
Abeille	159782	gris-foncé	1922	Strasbourg 139864	Ottava 123959
Abère	157802	noire	1922	Qroisy 130286	Subtilité 137919
Abia	157190	grise	1922	Komplex 91539	Grive 81794
Abigaïl	157206	noir-zain	1922	Komplex 91539	Mascotte 108705
Abigaïl	159262	gris-clair	1922	Quompromis 132021	Kabylienne 97267
Abisag	159263	noire	1922	Salase 139347	Nécropsie 117637
Ablation	155345	gris-clair	1922	Ops 121242	Question 129140
Ablette	155056	gris-foncé	1922	Pantin 124490	Orbitèle 121991
Ablette	155266	noire	1922	Saturnien 137115	Pianiste 125718
Ablette	155346	noire	1922	Ouistreham 120076	Quinte 128823
Ablette	155946	grise	1922	Poison 125565	Obridge 120313
Ablette	156116	noire	1922	Qlément 129034	Irène 79605
Ablette	157195	noire	1922	Komplex 91539	Puissante 126509
Ablette	158042	noire	1922	Pilon 127251	Jarrie 88500
Ablette	158673	gris-fer	1922	Récitateur 135287	Ino 82585
Abluante	158043	noire	1922	Soviet 138145	Jouvencelle 86434
Ablution	155349	noire	1922	Quissac 130271	Noria 113676
Ablution	158046	noir zain	1922	Pilon 127251	Nive 116422
Ablution	159786	gris-foncé	1922	Obstructif 120705	Hussarde 78117
Abolition	158659	gris-fer	1922	Lutécien 102720	Tirade 143245
Abondance	157208	gris-foncé	1922	Komplex 91539	Nasale 115591
Abondance	157803	grise	1922	Pampelune 124878	Salorge 136997
Abondance	158661	gris-fer	1922	Radeau 134903	Mormon 107590
Abondance	159265	noire	1922	Salase 139347	Ibagué 83190
Abondance	159787	gris-foncé	1922	Orléans 121007	Levantine 104546
Abondance	160021	bai-brun	1922	Saturnien 137115	Palmure 127689
Abonnée	159788	noire	1922	Kerdrain 95437	Osmonde 123813
Abortive	158055	alezane	1922	Pantin 124490	Picote 128309
Aboulie	155356	grise	1922	Roulans 134739	Konfidence 91147
Aboulie	158052	noire	1922	Reynal 132841	Groseille 72989

NOM	N°	ROBE	Naissance	PÈRE	MÈRE
Aboulie	159792	grise	1922	Maquis 110284	Ombre 123802
Abouma	159793	gris-fer	1922	Ravignan 136302	Ordalie 123823
Aboyante	155361	noire	1922	Névrosé 113735	Poule 124879
Aboyante	158057	noire	1922	Soviet 138115	Oudinote 120947
Aboyeuse	158060	noir-zain	1922	Pilon 127251	Oedémateuse 120816
Abrantès	157212	noir-zain	1922	Komplex 91539	Matras 68703
Abrantès	159266	gris-bleu	1922	Ratapoil 135870	Suède 139262
Abrasion	155055	noire	1922	Jouillat 88642	Tasque 142405
Abrasion	155364	noir-zain	1922	Ombon 121608	Mozette 111369
Abrasion	158061	noire	1922	Soviet 138115	Louisville 103470
Abrasion	158063	gris-fer	1922	Oder 121578	Rigolette 97672
Abréviation	155369	grise	1922	Pampelune 124878	Occasion 120276
Abréviation	158064	gris-foncé	1922	Pilon 127251	Konrie 92125
Abréviative	155366	bai-brun	1922	Négligent 112708	Kastille 95408
Abrogation	158068	gris-fer	1922	Nichet 117897	Mabe 106112
Abrogative	155372	noire	1922	Kalot 92507	Plaignarde 126954
Abroutie	158069	gris-foncé	1922	Nichet 117897	Serpette 138655
Abroutie	159795	alezane	1922	Quoin 131888	Pétillante 128614
Abrupte	158066	noire	1922	Soviet 138115	Gobille 93432
Abrupte	159796	grise	1922	Nicobar 118452	Jacinthe 98521
Abruzzes	157213	noire	1922	Komplex 91539	Konvulsive 91237
Abscence	159798	grise	1922	Récitateur 135287	Musiquette 110894
Abscisse	155903	gris-clair	1922	Saumur 136404	Rapinette 133811
Abscisse	159797	gris-foncé	1922	Maquis 110284	Question 132595
Absconse	155904	gris-foncé	1922	Rongetout 133602	Tempête 140441
Absence	158072	noire	1922	Quanard 131542	Quagoule 131416
Absence	158662	gris-fer-f.	1922	Récitateur 135287	Obstinée 122553
Absidale	158073	noire	1922	Razia 133345	Quaillebotte 131421
Abside	155908	gris-clair	1922	Rongetout 133602	Râtelure 132976
Abside	158688	noire	1922	Quaïman 129648	Percale 128162
Absidiale	158074	noire	1922	Razia 133345	Neslette 116569
Absidiole	155909	grise	1922	Simbleau 136949	Indépendante 80475
Absie	157804	grise	1922	Pampelune 124878	Joufflue 86951
Absinthe	155142	gris-foncé	1922	Quadne 129371	Obstinée 119449
Absinthe	155835	gris-foncé	1922	Sérum 136999	Nation 111946
Absinthe	155910	grise	1922	Rongetout 133602	Odométrie 118842
Absinthe	158075	noire	1922	Razia 133345	Raison 134924
Absinthe	158692	noire	1922	Radeau 134903	Parque 127610
Absinthe	159801	gris-rouan	1922	Récitateur 135287	Oseraie 123834
Absolue	155913	gris-clair	1922	Qualot 131492	Hélène 74828
Absolue	158076	noire	1922	Razia 133345	Ollina 121729
Absolue	159802	grise	1922	Récitateur 135287	Nullité 112248
Absorbante	158077	alezane	1922	Psoriasis 126479	Perrine 127185
Absorbée	155195	gris-foncé	1922	Souvenons 136704	Quartouche 129330
Absoute	158078	noire	1922	Pilon 127251	Récente 135265

NOM	N°	ROBE	Naissance	PÈRE	MÈRE
Abstème	158079	gris-foncé	1922	Soviet 138115	Katin 94924
Abstention	155914	gris-tr.-cl.	1922	Séquoia 137376	Orélie 119768
Abstention	158080	noire	1922	Soviet 138115	Tapissière 142959
Abstinence	155915	noire	1922	Receveur 133074	Pulchérie 126023
Abstraction	158616	gris-fer	1922	Quaïman 129648	Malaria 110986
Abstraite	155921	noir-zain	1922	Rongetout 133602	Orne 119317
Abstraite	158082	gris-foncé	1922	Supérieur 137000	Rayure 135236
Abstruse	158083	gris-foncé	1922	Supérieur 137000	Locuste 103430
Absurde	155920	noir-zain	1922	Simbleau 136949	Prisée 126311
Absurde	158086	noire	1922	Pilon 127251	Kauseuse 94932
Absyrte	159267	grise	1922	Quompromis 132021	Révélation 135760
Abulie	158056	gris-fer	1922	Mercy 105783	Iphigénie 82073
Abulie	160023	noire	1922	Ornain 119960	Ouelle 122366
Abysse	155296	noire	1922	Receveur 133074	Impolie 80101
Abysse	158089	gris-fer	1922	Soviet 138115	Kadence 95510
Abyssinie	156137	bai brun	1922	Sapor 138736	Jumilia 88035
Abyssinie	157216	grise	1922	Komplex 91539	Germaine 71118
Abyssinie	158090	noire	1922	Soviet 138115	Sensation 138893
Abyssinie	159268	noir-zain	1922	Quinaud 132720	Irun 83027
Académie	155137	grise	1922	Qroisy 130286	Serge 136562
Académie	155297	grise	1922	Rongetout 133602	Quongolaise 130383
Académie	155379	grise	1922	Saumur 136404	Naize 112255
Académie	156226	grise	1922	Nyctalope 113635	Outarde 119657
Académie	156253	grise	1922	Rouleau 134450	Troyenne 144482
Académie	157217	noire	1922	Komplex 91539	Orpheline 124458
Académie	158091	gris-foncé	1922	Soviet 138115	Prevéza 127352
Académie	158343	noire	1922	Rancart 132911	Lance 104585
Académie	159269	grise	1922	Koch-ex-Kourlis 95094	Navacelle 118260
Acadie	157221	noire	1922	Komplex 91539	Mixture 106856
Acadie	158345	grise	1922	Pilon 127251	Pérée 127144
Acadie	159272	noir-zain	1922	Salasc 139347	Nécropole 117635
Acalmie	158638	gris-foncé	1922	Quaïman 129648	Racine 134937
Acanthe	155303	gris-foncé	1922	Simbleau 136949	Orphélide 120441
Acanthe	156770	gris-foncé	1922	Regrattier 133261	Rochelle 134648
Acanthe	158092	noire	1922	Konstat 95797	Militante 110542
Acanthe	159805	grise	1922	Ostabat 123735	Rouleuse 136177
Acanthie	155304	gris-foncé	1922	Simbleau 136949	Lécanore 99675
Acanthie	158093	noire	1922	Pilon 127251	Labesnarderie 103607
Acare	156785	gris-foncé	1922	Séquoia 137376	Quodie 129071
Acariâtre	155089	grise	1922	Sonnant 137627	Pêche 123165
Acariâtre	155306	grise	1922	Sénat 136589	Kouspuée 92965
Acariâtre	158094	gris-foncé	1922	Pilon 127251	Pharsale 127200
Acaride	159806	baie	1922	Spancourt 139925	Romancière 136176
Acarnanie	159274	grise	1922	Quompromis 132021	Liégeuse 101917
Acarpe	155308	grise	1922	Receveur 133074	Karriole 92533

NOM	Nº	ROBE	Naissance	PÈRE	MÈRE
Acarpe	158099	gris-foncé	1922	Pilon 127251	Ognette 121340
Acatène	155309	grise	1922	Rongetout 133602	Repartie 135595
Acatène	158100	noir-zain	1922	Pilon 127251	Misère 110603
Acaule	158103	gris-foncé	1922	Pilon 127251	Nigritie 117238
Acaule	159808	gris-foncé	1922	Recteur 135313	Karia 96687
Accablante	155312	gris-foncé	1922	Receveur 133074	Risette 73371
Accalmie	155311	gris-foncé	1922	Receveur 133074	Oppression 120876
Accalmie	158104	gris-fer	1922	Sédillot 138826	Kermadone 95275
Accalmie	159809	noire	1922	Recteur 135313	Dora 60564
Acception	155314	grise	1922	Rongetout 133602	Laitue 100597
Accession	155315	gris-foncé	1922	Rongetout 133602	Quintana 129359
Accession	158105	noire	1922	Importun 80576	Impaction 81903
Accise	155319	gris-r.-cl.	1922	Sénat 136589	Trompette 140398
Accise	156789	noire	1922	Nyctalope 143635	Potasse 126097
Accise	158106	noire	1922	Pilon 127251	Phase 127201
Accise	159810	gris-clair	1922	Recteur 135313	Pépinière 128587
Acclamation	158695	gris-fer-f.	1922	Royal 133913	Manne 108293
Acclimatée	155942	grise	1922	Sorcier 136545	Rozinette 133799
Accolade	155320	gris-clair	1922	Séquoia 137376	Osmane 119806
Accolade	158108	gris-fer	1922	Manillon 110245	Iodisme 78836
Accolade	158632	gris-fer-f.	1922	Muet 109445	Saluade 139024
Accolure	155321	grise	1922	Séquoia 137376	Quonjurée 132742
Accomplie	155322	noire	1922	Receveur 133074	Kif-Kif 92900
Accomplie	158113	noire	1922	Sédillot 138826	Nuelle 116732
Accomplie	159812	gris-rouan	1922	Senlis 139861	Savane 139987
Accordée	155324	grise	1922	Simbleau 136949	Kalibre 90634
Accordée	157223	gris-foncé	1922	Komplex 91539	Médiation 64291
Accordée	158115	gris-foncé	1922	Pilon 127251	Neulle 116580
Accordée	159277	grise	1922	Salase 139347	Sommée 139763
Accore	155327	grise	1922	Séquoia 137376	Loterie 99890
Accore	158117	gris-fer	1922	Ségur 138272	Koulure 95878
Accorné	155328	alezane	1922	Rongetout 133602	Héroïde 74189
Accorné	158118	gris-cend.	1922	Ségur 138272	Qualeite 131448
Accorte	155155	gris-foncé	1922	Quaduc 129371	Sagacité 136595
Accorte	155329	gris-clair	1922	Rongetout 133602	Nodosité 112025
Accorte	155540	noire	1922	Quaduc 129371	Nichachien 113389
Accorte	158119	gris-foncé	1922	Ségur 138272	Quamorra 131525
Accorte	159813	noire	1922	Lédon 101823	Nimbe 118506
Accortise	155331	grise	1922	Séquoia 137376	Morphine 106937
Accortise	158120	noire	1922	Quamelot 130750	Guillerette 72599
Accouple	155333	noire	1922	Simbleau 136949	Laringite 100117
Accouple	158123	noire	1922	Quamelot 130750	Charmante 64536
Accourcie	155334	noire	1922	Nyctalope 113635	Renonce 133401
Accourcie	158124	gris-foncé	1922	Ségur 138272	Koupe 95879
Accourse	155380	noire	1922	Ouistreham 120076	Ozive 122240

NOM	N°	ROBE	Naissance	PÈRE	MÈRE
Accourse	158125	gris-foncé	1922	Ségur 138272	Karderie 94849
Accoutumée	155378	grise	1922	Saumur 136404	Kollinée 91753
Accroche	158126	noire	1922	Ségur 138272	Kommune 95598
Accrouple	155384	bai-brun	1922	Rancart 132911	Rhée 134298
Accroupie	158129	gris-fer	1922	Manillon 110245	Mouvette 49448
Accrue	158130	gris-cend.	1922	Manillon 110245	Occurente 121418
Accrue	158608	gris-fer	1922	Radeau 134903	Madonne 110976
Accurse	157224	noire	1922	Komplex 91539	Goguette 73191
Accurse	159278	grise	1922	Salasc 139347	Longrine 102643
Accusation	155388	gris-clair	1922	Séquoia 137376	Sonnette 137636
Accusatrice	155387	gris-clair	1922	Névrosé 113735	Lunatique 99957
Accusée	155391	noire	1922	Sénat 136589	Joutière 85618
Accusée	158134	gris-vin.	1922	Serpentin 138275	Jaen 85556
Acéphalie	155398	alezan-br.	1922	Rongetout 133602	Quonsigne 130408
Acéphalie	158136	gris-foncé	1922	Pantin 124490	Quouette 130273
Acéraine	159816	noire	1922	Strasbourg 139864	Queurie 131716
Acerbe	155393	bai-brun	1922	Rongetout 133602	Nonciature 113555
Acerbe	158139	gris-rouan	1922	Pantin 124490	Ognonade 121547
Acerbité	155395	noir-zain	1922	Rongetout 133602	Taza 140433
Acérée	155394	noire	1922	Rongetout 133602	Palestine 69122
Acérure	155399	noire	1922	Receveur 133074	Sommité 137619
Acérure	158140	noire	1922	Serpentin 138275	Jacinthe 88167
Acescence	158141	alezane	1922	Pantin 124490	Muraille 107479
Aceste	157225	noire	1922	Komplex 91539	Lapenne 101538
Aceste	159281	gris-l-vin.	1922	Quompromis 132021	Messène 104819
Acétate	155196	noire	1922	Ramassetout 133573	Oira 120642
Acétate	159818	gris-tr.-f.	1922	Récitateur 135287	Ogriou 123932
Acéteuse	155400	noire	1922	Rongetout 133602	Quonstance 130445
Acéteuse	158142	gris-foncé	1922	Serpentin 138275	Nonciature 115843
Acétilène	156777	gris-foncé	1922	Nyctalope 113635	Brillante 59487
Acétique	155402	grise	1922	Séquoia 137376	Bichette 58324
Acétone	155403	gris-clair	1922	Séquoia 137376	Quonsulte 130418
Acétone	158143	gris-foncé	1922	Serpentin 138275	Ocelle 121428
Acétone	159819	noire	1922	Récitateur 135287	Nictation 114970
Acétylène	158680	gris-fer	1922	Muet 109445	Païenne 127592
Achaïe	159282	grise	1922	Quompromis 132021	Renchérie 135550
Achaine	155404	grise	1922	Rongetout 133602	Oursette 119842
Achaine	158148	gris-foncé	1922	Pantin 124490	Nonuple 115849
Achalandée	155406	grise	1922	Rongetout 133602	Moldavie 105215
Acharnée	158150	gris-foncé	1922	Serpentin 138275	Idéa 79296
Achate	157230	grise	1922	Remisier 133326	Ianina 81129
Achate	159283	grise	1922	Quompromis 132021	Kourbe 95888
Ache	155408	grise	1922	Nyctalope 113635	Revue 134631
Ache	156779	grise	1922	Séquoia 137376	Quontinente 130430
Ache	158151	noire	1922	Pantin 124490	Liante 99717

NOM	N°	ROBE	Naissance	PÈRE	MÈRE
Achéenne	157232	noire	1922	Komplex 91539	Notice 114447
Achéenne	159286	grise	1922	Quompromis 132021	Houlette 98635
Achères	157805	noire	1922	Pampelune 124878	Médecine 109929
Acheteuse	155409	gris-foncé	1922	Nyctalope 113635	Révolution 134630
Acheteuse	158152	noire	1922	Pantin 124490	Noologie 115853
Achevée	155412	noire	1922	Simbleau 136949	Omphale 149743
Achevée	158154	gris-fer	1922	Ségur 138272	Recoupette 135299
Acheville	157806	noire	1922	Pampelune 124878	Orthologie 122093
Achilde	155687	grise	1922	Sérum 136999	Sagefemme 138103
Achillée	155413	noire	1922	Sénat 136589	Tarragone 142232
Achillée	158679	noire	1922	Muet 109445	Jahel 88719
Achilléide	159287	noire	1922	Sébastopol 138271	Serverette 139659
Achromatique	158674	gris-rouan	1922	Klocher 95657	Komorre 97546
Acidimétrie	155415	grise	1922	Nyctalope 113635	Parcimonie 124483
Acidimétrie	158156	noire	1922	Supérieur 137000	Suspendue 138340
Acidité	155416	noir-zain	1922	Simbleau 136949	Poule 127835
Acidité	158157	gris-foncé	1922	Supérieur 137000	Java 88506
Acidule	158676	noire	1922	Radeau 134903	Obreption 122563
Aciération	155418	noire	1922	Receveur 133074	Rénovation 133404
Aciérie	155422	noire	1922	Ops 121242	Olliergue 121212
Aciérie	156915	noire	1922	Sorcier 136545	Palmida 124669
Aciérie	158161	noire	1922	Soviet 138115	Neutralité 116378
Aciérie	158636	gris-fer-f.	1922	Klocher 95657	Flora 60893
Acine	155424	gris-clair	1922	Ops 121242	Quastiglione 130810
Acine	158165	gris-foncé	1922	Pilon 127251	Picardie 127242
Acinésie	155423	noire	1922	Ops 121242	Nyassa 114042
Acinésie	158162	noire	1922	Soviet 138115	Kaucale 95582
Acinésie	159821	gris-foncé	1922	Lutécien 102720	Péninsule 128567
Acireale	156200	noire	1922	Quirat 128885	Quinette 129220
Acireale	159294	grise	1922	Servilly 139658	Océanide 123362
Acné	155164	noire	1922	Quaduc 129371	Rôdeuse 134236
Acologie	155425	noire	1922	Receveur 133074	Martienne 106201
Acologie	158168	noire	1922	Santander 138727	Orfraye 119429
Acologie	159881	grise	1922	Ostabat 123735	Manille 104800
Aconitine	155426	gris-foncé	1922	Simbleau 136949	Galine 71267
Aconitine	158170	gris-foncé	1922	Récipé 135282	Janicule 88495
Aconitine	159883	grise	1922	Servilly 139658	Gossette 93318
Acore	158171	gris-foncé	1922	Récipé 135282	Oxydie 120534
Açore	159295	grise	1922	Lutécien 102720	Servière 139664
Acqua	158172	gris-foncé	1922	Récipé 135282	Quabriole 131346
Acqua	159884	grise	1922	Recteur 135313	Moque 108897
Acquaviva	156201	gris-foncé	1922	Pélissier 126603	Merlette 106442
Acquaviva	159296	grise	1922	Ratapoil 135870	Perruque 128207
Acqueville	157813	noire	1922	Pampelune 124878	Kaketie 92411
Acquise	155427	noire	1922	Receveur 133074	Olivèse 119887

NOM	N°	ROBE	Naissance	PÈRE	MÈRE
Acquise	158173	noire	1922	Sanderling 136440	Normande 115468
Acquisition	155428	noire	1922	Saponacé 137099	Quoquetière 130503
Acramousie	155197	gris-foncé	1922	Ramassetout 133573	Tasmanie 140793
Acratie	155429	noire	1922	Simbléau 136949	Quausette 129889
Acratie	158176	noire	1922	Manillon 110245	Jalapa 88492
Acratie	159888	grise	1922	Servian 138921	Kenouille 96347
Acre	155433	grise	1922	Ops 121242	Quintette 129180
Acre	156203	gris-foncé	1922	Nichet 117897	Quage 131403
Acre	158177	gris-foncé	1922	Sapor 138736	Ivraie 80268
Acre	159297	alezane	1922	Lutécien 102720	Quornue 132264
Acreté	156148	gris-clair	1922	Stratus 137887	Lippe 100737
Acreté	158178	gris-foncé	1922	Sapor 138736	Kascarille 94886
Acrimonie	155255	gris foncé	1922	Souvenons 136704	Système 136659
Acrimonie	155438	noire	1922	Ops 121242	Névrose 114404
Acrimonie	156783	grise	1922	Séquoia 137376	Rousseur 134462
Acrimonie	158180	noire	1922	Sérum 136999	Sardaigne 138741
Acrimonie	158614	grise	1922	Klocher 95657	Montagneuse 110667
Acrimonie	159891	gris-foncé	1922	Servian 138921	Fadola 96842
Acrobatie	155439	gris-tr.-f.	1922	Ops 121242	Judaïsme 86239
Acrobatie	158187	gris-foncé	1922	Manillon 110245	Rectale 135319
Acrocorinthe	156204	rouanne	1922	Nichet 117897	Nollette 116438
Acrocorinthe	159300	noir-rub.	1922	Sarzeau 139443	Gavotte 98228
Acropole	155441	noire	1922	Receveur 133074	Lanterne 100256
Acropole	157136	noire	1922	Ops 121242	Jeufosse 86312
Acropole	158346	grise	1922	Supérieur 137000	Observation 124384
Acropole	159298	noir-m.-t.	1922	Saturnien 137115	Nouille 114621
Acropole	159894	gris-clair	1922	Quompromis 132021	Palade 128709
Acrostiche	155134	gris-foncé	1922	Saleux 139360	Irmanie 80843
Acrostiche	159895	noir-m.-t.	1922	Sardonien 140136	Kita 96781
Acté	156493	noire	1922	Rongetout 133602	Rosaie 133210
Acte	158192	gris-fer	1922	Santander 138727	Régale 133879
Actée	157102	noire	1922	Komplex 91539	Hermine 81759
Actina	155114	grise	1922	Sans-Cœur 136540	Quarthamine 129808
Actina	155141	grise	1922	Saleux 139360	Lorine 97866
Actina	155984	noire	1922	Pantin 124490	Méthodique 109315
Actinale	155446	alezan-br.	1922	Pivert 126000	Ourthe 121334
Actinale	158198	gris-fer	1922	Santander 138727	Matoise 109878
Actinie	155447	gris-clair	1922	Pivert 126000	Lamelle 98858
Actinie	156747	grise	1922	Sénateur 138093	Quotepart 129255
Actinie	158200	noire	1922	Konstat 95797	Navailles 116034
Actinie	159899	gris-f. r.	1922	Servian 138921	Nasarde 117562
Action	155448	gris-clair	1922	Ops 121242	Salure 136824
Action	155933	gris-foncé	1922	Remords 133354	Pomme 125100
Action	158617	gris-fer-f.	1922	Muet 109445	Kairouan 96109
Action	159900	noire	1922	Keris 93769	Passerelle 128710

NOM	N°	ROBE	Naissance	PÈRE	MÈRE
Activa	155234	gris-foncé	1922	Quadue 129371	Sagette 136597
Activante	155450	noire	1922	Ops 121242	Janina 89356
Active	155058	noire	1922	Québec 131267	Martine 107912
Active	155446	gris-clair	1922	Receveur 133074	Provision 126447
Active	157531	noire	1922	Oulenx 121183	Korogne 94116
Active	158195	gris fer	1922	Importun 80576	Minaudière 108244
Active	159896	gris-foncé	1922	Kéris 93769	Mélanose 104913
Activité	155451	noire	1922	Ops 121242	Halte 78113
Activité	158613	gris-fer-f.	1922	Radeau 134903	Sagaie 136993
Actone	156210	grise	1922	Sapristi 137097	Sementine 138368
Actrice	155442	noire	1922	Soupirail 137701	Ourale 121327
Actrice	155711	grise	1922	Ramassetout 133573	Qanicule 130215
Actrice	155926	grise	1922	Qroisy 130286	Prévision 124916
Actrice	158604	noire	1922	Nassau-ex-Neuilly 112606	Radicelle 134912
Actrice	160017	bai-cerise	1922	Saponacé 137099	Réduction 133175
Actualité	155452	noir-l.r.	1922	Saponacé 137099	Rance 135013
Actualité	158609	alezane	1922	Radeau 134903	Quirita 131323
Actuelle	155539	grise	1922	Quadue 129371	Rissolette 134188
Acuité	158647	noire	1922	Radeau 134903	Manissa 110044
Acuité	159902	grise	1922	Sardonien 140136	Rallonge 136244
Acuminée	158207	gris-fer	1922	Manillon 110245	Rifle 133881
Acunha	159302	gris-clair	1922	Lutécien 102720	Nathalie 116312
Acutesse	158208	noire	1922	Manillon 110245	Maigreur 110159
Ada	157162	grise	1922	Komplex 91539	Saltarelle 136820
Adaction	158209	gris-foncé	1922	Importun 80576	Lacaillerie 102795
Adaction	159903	grise	1922	Lédon 101823	Inconnue 87617
Adalgise	156211	gris-foncé	1922	Sapristi 137097	Ombrie 119946
Adalgise	159303	grise	1922	Récitateur 135287	Rive 135900
Adamantine	158211	gris-foncé	1922	Manillon 110245	Nostalgie 113784
Adamite	155458	gris-clair	1922	Quirat 128883	Ibéride 81163
Adana	156212	noir-zain	1922	Stimulant 137850	Konstance 91997
Adana	159299	grise	1922	Médisant 105527	Palikao 125308
Adda	156213	noire	1922	Stimulant 137850	Nichée 112837
Addisababa	158611	gris-fer	1922	Muet 109445	Taillade 143216
Addition	155949	noire	1922	Saleux 139360	Qosse 129158
Addition	158215	gris-fer	1922	Soviet 138115	Jouvencelle 88310
Addition	158644	alezan-rub	1922	Pitaud 128421	Pastille 124931
Additive	155459	gris-tr.-cl.	1922	Saponacé 137099	Nourrice 112887
Additive	158212	gris-foncé	1922	Manillon 110245	Résolue 133725
Additive	159907	gris-f.-r.	1922	Orléans 121007	Pannelle 128591
Adduction	155468	noire	1922	Saponacé 137099	Stérilité 137841
Adduction	158217	gris-foncé	1922	Pilon 127251	Reddition 135551
Adductive	158216	noir-zain	1922	Pilon 127251	Migraine 110552
Adélaïde	156214	noir-zain	1922	Ouistreham 120076	Finette 98462
Adélaïde	156790	noire	1922	Sénat 136589	Quantienne 129531

NOM	N°	ROBE	Naissance	PÈRE	MÈRE
Adélaïde	158347	noire	1922	Supérieur 137000	Nocette 117252
Adélaïde	159304	grise	1922	Sébastopol 138271	Lepture 101858
Adèle	156215	gris-noir	1922	Roulans 134739	Kabbasse 91232
Adèle	158218	gris-foncé	1922	Sowiet 138115	Lombarde 103442
Adèle	159305	grise	1922	Récitateur 135287	Nauplie 117736
Adèle	159911	noire	1922	Maquis 110284	Mishella 111214
Adeline	156357	baie	1922	Sauteur 137147	Ozonométrie 119618
Aden	156217	noire	1922	Roulans 134739	Olga 122025
Aden	159306	noire	1922	Médisant 105527	Tuilerie 143915
Adénite	158221	noire	1922	Oder 121578	Obtention 121397
Adénite	159913	gris-foncé	1922	Ravignan 136302	Paillerote 128198
Adéquate	158224	gris-fer	1922	Ségur 138272	Kolette 97737
Adervielle	157814	grise	1922	Qroisy 130286	Oseraie 122111
Adhérence	158225	gris-fer	1922	Oder 121578	Qlaquette 131796
Adhérence	158600	gris-foncé	1922	Quaiman 129648	Odense 122590
Adhésion	158643	baie	1922	Pitaud 128421	Cora 65471
Adhésive	158226	noire	1922	Ségur 138272	Hermine 75488
Adiante	158228	gris-foncé	1922	Ségur 138272	Ismid 82122
Adige	156218	grise	1922	Pampelune 124878	Pochetée 125234
Adige	158714	grise	1922	Rabelais 134913	Okrida 121848
Adipeuse	158231	gris-foncé	1922	Sowiet 138115	Journalisme 88303
Adipose	158230	gris-fer	1922	Sowiet 138115	Quampagne 131527
Adipose	159914	gris-foncé	1922	Maquis 110284	Manette 111201
Adition	155475	noire	1922	Raynouard 133959	Salaison 136783
Adition	158233	noire	1922	Oder 121578	Maternité 109863
Adition	159915	grise	1922	Quoin 131888	Nonantaise 118450
Adjacente	155476	noire	1922	Raynouard 133959	Divette 62948
Adjective	155477	noir-zain	1922	Komplex 91539	Kannage 90722
Adjointe	158237	noire	1922	Néflier 111919	Nuée 116461
Adjointe	159923	gris-fer	1922	Quoin 131888	Quenotte 132708
Adjonction	158642	gris-fer	1922	Pitaud 128421	Junon 88666
Adjuvante	155481	noire	1922	Ops 121242	Suie 137954
Admète	156219	grise	1922	Pampelune 124878	Lésineuse 103075
Admète	159308	noire	1922	Médisant 105527	Maisonnée 110172
Admirative	155483	gris-clair	1922	Saumur 136404	Jouharde 85115
Admirative	159924	gris-foncé	1922	Nénuphar 117675	Joyeuse 96987
Admission	155484	gris-clair	1922	Saumur 136404	Ratissoire 132987
Admission	158243	gris-foncé	1922	Manillon 110245	Menette 110385
Admission	158708	gris-fer	1922	Lutécien 102720	Passementerie 127472
Admission	159925	noire	1922	Nicobar 118452	Orizabette 124023
Adnée	158247	gris-clair	1922	Négligent 112708	Minceur 110555
Adona	156223	gris-foncé	1922	Polus 126947	Quba 131100
Adonc	155488	noire	1922	Succédané 137925	Quivière 129005
Adonide	155489	grise	1922	Succédané 137925	Narquoise 112807
Adonide	155757	grise	1922	Poison 125565	Hilliade 76782

NOM	N°	ROBE	Naissance	PÈRE	MÈRE
Adonide	158250	noire	1922	Néflier 111919	Pérouse 126740
Adonide	159927	gris-foncé	1922	Senlis 139861	Risette 136265
Adonis	156220	noire	1922	Sanderling 136440	Palencia 126909
Adonnée	155492	grise	1922	Succédané 137925	Ruth 134791
Adonnée	159928	gris-foncé	1922	Quoin 131888	Muscade 111232
Adoption	155495	grise	1922	Ouistreham 120076	Subornense 137915
Adoption	158253	gris-foncé	1922	Négligent 112706	Quarpette 131585
Adoption	158703	noire	1922	Récitateur 135287	Régionale 135387
Adoptive	158252	noire	1922	Négligent 112708	Harmante 97140
Adorable	156221	gris-foncé	1922	Polus 126947	Jaseuse 86915
Adoration	158255	noire	1922	Mordicant 110698	Polynésie 127293
Adorée	155092	gris foncé	1922	Quadue 129371	Qutale 129679
Adorée	160032	noir-zain	1922	Polus 126947	Marinette 108536
Adossée	158256	noire	1922	Mordicant 110698	Grisette 98606
Adoua	159309	grise	1922	Médisant 105527	Pantène 127758
Adouée	155498	noire	1922	Komplex 91539	Hiade 81198
Adouée	158258	gris fer	1922	Mordicant 110698	Méritante 110444
Adouée	159929	gris-foncé	1922	Quoin 131888	Saucière 140158
Adour	155662	grise	1922	Sage 138029	Odeur 120792
Adour	159311	grise	1922	Médisant 105527	Maîtrise 110171
Adraste	157235	gris-foncé	1922	Pégoud 126957	Synérèse 138527
Adraste	159313	grise	1922	Mercy 105783	Kologne 96544
Adresse	155499	noire	1922	Komplex 91539	Oude 121316
Adresse	155723	grise	1922	Souvenons 136704	Juridiction 85218
Adresse	158261	noire	1922	Mordicant 110698	If 79309
Adresse	158693	noire	1922	Rabelais 134913	Latrape 102104
Adresse	159930	noire	1922	Nicobar 118452	Jachère 88783
Adria	159314	alezan-br.	1922	Nichet 117897	Pétulance 128257
Adriatique	159315	gris-l-vin.	1922	Sarzeau 139443	Quorrida 132276
Adrienne	156852	noire	1922	Quirat 128885	Rapine 133670
Adrienne	157238	gris-tr.-f.	1922	Pégoud 126957	Sablière 138534
Adrienne	159523	grise	1922	Spancourt 139925	Misnie 110056
Adroite	156046	noire	1922	Quirat 128885	Sacoche 136461
Adroite	157243	noire	1922	Névrosé 113735	Oxydable 122189
Adroite	157716	noire	1922	Marocain 107904	Quille 134275
Adroite	158263	gris-fer	1922	Mordicant 110698	Sèzee 138821
Adroite	158701	gris-fer	1922	Radeau 134903	Quapitoline 134187
Adroite	159931	noir-zain	1922	Nicobar 118452	Mandarinette 111223
Adrumète	157244	grise	1922	Névrosé 113735	Biche 67841
Adrumète	159320	grise	1922	Médisant 105527	Renouee 135573
Adscrite	158264	noire	1922	Mordicant 110698	Quacahuete 131251
Adule	155776	gris foncé	1922	Pélissier 126603	Niçauderie 111658
Adultère	158268	noir-zain	1922	Lettré 81310	Quacaoyère 131355
Adultérine	158269	gris-foncé	1922	Malplaquet 107145	Ratatinée 135192
Adultine	158716	gris-foncé	1922	Rabelais 134913	Patère 127557

NOM	N°	ROBE	Naissance	PÈRE	MÈRE
Aduste	155506	noire	1922	Sénateur 138093	Quonversion 130471
Adustion	155508	noire	1922	Stimulant 137850	Olivette 120590
Adustion	158270	gris-fer	1922	Malplaquet 107145	Quachucha 131364
Adventive	155510	rouanne	1922	Stimulant 137850	Quatalani 130812
Adventure	158272	gris-foncé	1922	Manillon 110245	Opacité 120847
Adverbiale	155511	grise	1922	Stimulant 137850	Gagnante 70621
Adverbiale	158273	gris-fer	1922	Malplaquet 107145	Charmante 57506
Adverse	158637	gris-fer-f.	1922	Muet 109445	Nécrobie 117627
Aérée	155513	gris-clair	1922	Pégoud 126957	Irma 82302
Aéricole	158276	noire	1922	Néflier 111919	Ilie 75765
Aéricole	159939	gris-foncé	1922	Nicobar 118452	Savonnette 140161
Aérienne	158277	noire	1922	Négligent 112708	Parque 127029
Aérobie	158278	noire	1922	Malplaquet 107145	Margot 110594
Aérobie	159941	grise	1922	Nicobar 118452	Rotonde 136266
Aérologie	159942	noire	1922	Nicobar 118452	Sensibilité 139995
Aéromancie	155517	gris-foncé	1922	Stimulant 137850	Rusée 133028
Aéromancie	158280	gris-foncé	1922	Juste 85878	Tolla 142760
Aérométrie	155518	noir-zain	1922	Ouistreham 120076	Naja 114022
Aérométrie	158282	noir-zain	1922	Juste 85878	Symétrie 138581
Aérostation	158284	gris-foncé	1922	Rancart 132911	Normale 115855
Aeternam	155554	gris-fer	1922	Médisant 105527	Meuse 106039
Aétite	155520	noire	1922	Quarteron 128953	Quontade 130922
Aétite	158286	noire	1922	Néflier 111919	Gribiche 69170
Aétite	159943	grise	1922	Nénuphar 117675	Tille 141299
Affabilité	158287	noire	1922	Rancart 132911	Nudité 112916
Affable	155581	noir-zain	1922	Marocain 107904	Margot 107613
Affaire	155084	grise	1922	Sajas 139345	Moulette 105391
Affaire	155167	noire	1922	Sorcier 136545	Poulette 125223
Affaire	155182	grise	1922	Sonnant 137627	Reine 132842
Affaire	155523	noire	1922	Pégoud 126957	Ogenne 122421
Affaire	158290	noire	1922	Rancart 132911	Quarpienne 131583
Affairée	155216	gris-foncé	1922	Sorcier 136545	Navigue 111587 ·
Affamée	158291	baie	1922	Négligent 112708	Kortone 94121
Affectante	158293	gris-foncé	1922	Santos 138735	Lisette 103743
Affectée	155525	bai-brun	1922	Sanderling 136440	Orientale 122029
Affectée	158294	gris-foncé	1922	Manillon 110245	Maïolique 107595
Affection	155526	grise	1922	Sanderling 136440	Ligature 104644
Affection	159944	grise	1922	Maquis 110284	Ombrageuse 123762
Afférente	158297	noire	1922	Manillon 110245	Nice 116384
Affétée	158298	gris-foncé	1922	Manillon 110245	Méduse 106506
Afféterie	155530	noire	1922	Sanderling 136440	Noroise 115860
Affiche	156748	noire	1922	Somerset 139183	Ombrée 120253
Affiche	158302	gris-foncé	1922	Malplaquet 107145	Torreille 142783
Affiche	158709	grise	1922	Récitateur 135287	Quercy 131717
Affiliée	158306	noire	1922	Manillon 110245	Lydie 103536

NOM	N°	ROBE	Naissance	PÈRE	MÈRE
Affinerie	155994	grise	1922	Nyctalope 113635	Somatologie 137621
Affinerie	158308	gris-foncé	1922	Illettré 81310	Kachexie 95454
Affinité	155996	gris-cl.-r.	1922	Raynouard 133959	Novation 112897
Affinité	158307	gris-foncé	1922	Négligent 112708	Oogone 121672
Affinité	159946	gris-foncé	1922	Nicobar 118452	Taupe 144413
Afféville	157815	noire	1922	Quarteron 128953	Gaffe 93399
Affliction	158309	noire	1922	Nitrate 111699	Heureuse 76360
Affligée	156001	noir-zain	1922	Ouistreham 120076	Rustique 61340
Affluence	156002	grise	1922	Saumur 136404	Harpie 74056
Affolée	156003	noire	1922	Saponacé 137099	Lanche 101730
Affolée	158318	gris-cend.	1922	Sathonay 138750	Lila 68573
Affouage	155543	grise	1922	Sajas 139345	Luce 101299
Affranchie	158319	noire	1922	Malplaquet 107145	Lessiveuse 104132
Affre	155892	grise	1922	Poison 125565	Quafetière 130064
Affre	156004	noir-zain	1922	Ops 121242	Sourde 137720
Affre	158321	gris-foncé	1922	Malplaquet 107145	Moque 106611
Affre	159947	grise	1922	Quoin 131883	Paulette 126371
Affreuse	155812	alezane	1922	Reynal 132841	Pacca 125399
Affreuse	156005	noire	1922	Saponacé 137099	Isis 80070
Affreuse	158322	noire	1922	Négligent 112708	Poulle 127329
Affriolante	156009	gris clair	1922	Quintanar 129225	Mission 106837
Affriolante	158323	noir zain	1922	Négligent 112708	Nobre 116632
Affrontée	156006	noir-zain	1922	Saponacé 137099	Russie 134790
Affrontée	157890	noire	1922	Polus 126947	Tancarville 142382
Affusion	156007	gris-l-vin.	1922	Ouistreham 120076	Stipule 137859
Affusion	157891	noire	1922	Quissac 130271	Kamenetz 95284
Afghane	157892	gris-foncé	1922	Polus 126947	Nagée 113553
Afioume	156016	grise	1922	Quirat 128885	Lamelle 104580
Africaine	156014	noire	1922	Saponacé 137099	Qlarisse 129333
Africaine	157249	grise	1922	Névrosé 113735	Quouture 131021
Africaine	159323	gris-foncé	1922	Mercy 105783	Palanque 127656
Afrique	155154	gris-foncé	1922	Sonnant 137627	Colombine 62922
Afrique	155634	gris-tr.-f.	1922	Rongetout 133602	Ottine 119812
Afrique	157250	noire	1922	Sapristi 137097	Mariane 107634
Afrique	159325	grise	1922	Médisant 105327	Qladone 131782
Aga	156621	noire	1922	Remisier 133326	Maltose 105303
Aga	157899	grise	1922	Polus 126947	Hollandaise 98484
Agaçante	156017	noire	1922	Qroisy 130286	Orsova 119972
Agaçante	157900	gris-foncé	1922	Polus 126947	Quandrette 129717
Agace	155135	gris-foncé	1922	Saleux 139360	Janiza 85925
Agacerie	156019	gris-foncé	1922	Saponacé 137099	Goguette 90341
Agalacte	156020	noire	1922	Saponacé 137099	Kastille 95084
Agame	156022	grise	1922	Saumur 136404	Rancœur 132903
Agame	157904	bai-br.-f.	1922	Négligent 112708	Testacelle 143134
Agamède	157253	bai-brun	1922	Névrosé 113735	Natte 115614

NOM	N°	ROBE	Naissance	PÈRE	MÈRE
Agamemnon	156765	grise	1922	Quadue 129371	Quilipica 129988
Agamie	157905	noire	1922	Polus 126947	Narcose 115575
Agamie	159948	gris-tr.-f.	1922	Marat 111305	Routine 136260
Agape	156024	noire	1922	Saponacé 137099	Orchaise 119927
Agape	157254	alezane	1922	Névrosé 113735	Bicyclette 63483
Agape	159326	grise	1922	Quasson 131729	Romance 135959
Agar	155453	noire	1922	Sage 138029	Moucharde 105560
Agar	157174	noire	1922	Remisier 133326	Nominale 114798
Agar	159327	gris-bleu	1922	Quasson 131729	Nonciature 117014
Agaricine	156025	noire	1922	Stellionat 137835	Nage 112781
Agasse	156018	noire	1922	Qroisy 130286	Myronne 107488
Agasse	157179	grise	1922	Remisier 133326	Suggestion 137956
Agate	156030	noire	1922	Saponacé 137099	Nagée 112784
Agathe	155257	grise	1922	Ramoneur 133946	Quarrée 128890
Agathe	156861	gris-foncé	1922	Pélissier 126603	Mercière 106398
Agathe	156875	noire	1922	Poisan 125565	Ouvrière 120723
Agathe	157144	gris-foncé	1922	Komplex 91539	Numulite 113604
Agathe	157199	noire	1922	Komplex 91539	Incivisme 81529
Agathe	157255	noire	1922	Névrosé 113735	Sémitique 138367
Agathe	157717	gris-tr.-f.	1922	Marocain 107904	Mathilde 107918
Agathe	159329	gris-foncé	1922	Quasson 131729	Occultation 122837
Agde	157261	noire	1922	Sapristi 137097	Satinée 136982
Agde	157816	gris-foncé	1922	Récipé 135282	Palerme 126920
Agde	159330	gris-clair	1922	Médisant 105527	Palissade 127672
Agée	156031	noire	1922	Saumur 136404	Monture 106610
Agence	155171	noire	1922	Souvenons 136704	Qazie 129666
Agence	156032	grise	1922	Névrosé 113735	Oches 119989
Agence	157912	noire	1922	Pégoud 126957	Quinine 129082
Agence	158633	gris fer	1922	Radeau 134903	Ravière 134887
Agence	159952	noire	1922	Nicobar 118452	Sauge 140163
Agénésie	156036	noire	1922	Sanderling 136440	Mandane 107159
Agenoise	157262	noire	1922	Sapristi 137097	Pelote 126982
Agenville	157819	grise	1922	Récipé 135282	Parvenue 126907
Ageville	157821	gris-foncé	1922	Sanderling 136440	Kotice 95844
Aggée	157263	noire	1922	Sapristi 137097	Martre 109370
Aggée	159333	grise	1922	Médisant 105527	Norme 117024
Agglutinée	155556	noire	1922	Relevant 133297	Rare 134976
Agide	159334	grise	1922	Médisant 105527	Perte 128223
Agile	159953	noire	1922	Nicobar 118452	Teinture 144418
Agile	160015	noire	1922	Obturant 120130	Menue 106384
Agilité	155562	noire	1922	Névrosé 113735	Sensitive 136964
Agilité	157915	grise	1922	Pégoud 126957	Héloïse 74761
Agintanaire	158675	gris fer-f.	1922	Klocher 95657	Neigeuse 117747
Agioteuse	155559	noire	1922	Succédané 137925	Sujette 137963
Agissante	157918	noire	1922	Pégoud 126957	Randonnée 135058

NOM	N°	ROBE	Naissance	PÈRE	MÈRE
Agitation	155564	grise	1922	Ouistreham 120076	Nicole 115413
Agitation	157919	noire	1922	Pégoud 126957	Noue 114090
Agitée	155885	noire	1922	Souvenons 136704	Crédule 129287
Aglaé	155353	grise	1922	Quaduc 129371	Lysippe 101639
Aglaé	156271	grise	1922	Séducteur 137280	Toupie 141580
Aglaé	157264	grise	1922	Sapristi 137097	Reinette 63551
Aglaé	159336	grise	1922	Médisant 105527	Pesade 128231
Agnadel	159338	gris-clair	1922	Médisant 105527	Mireille 108535
Agnation	157921	bai brun	1922	Pégoud 126957	Paulette 127065
Agnelée	155567	gris-foncé	1922	Serpentin 138275	Hactrice 76557
Agnelée	157922	grise	1922	Pégoud 126957	Kapoue 91157
Agneline	155570	noire	1922	Négligent 112708	Juliette 88141
Agneline	157923	noir-zain	1922	Pégoud 126957	Locomotive 103250
Agnelle	155572	gris-foncé	1922	Manillon 110245	Nidi 112446
Agnelle	157926	noire	1922	Pégoud 126957	Larmière 103032
Agnès	155100	grise	1922	Sonnant 137627	Milliasse 107845
Agnès	155722	noire	1922	Sage 138029	Notariée 112351
Agnès	156862	grise	1922	Qualot 131492	Ostéine 121049
Agnès	157265	grise	1922	Sapristi 137097	Palmyre 126934
Agnès	159340	grise	1922	Quarteron 128953	Nosologie 117034
Agnette	155573	gris-fer	1922	Santos 138735	Jacée 88161
Agnette	157925	grise	1922	Pégoud 126957	Inanité 80376
Agnette	159062	gris-foncé	1922	Nicobar 118452	Pioche 128739
Agnielle	157825	grise	1922	Sanderling 136440	Jaunette 87990
Agnières	157826	gris-foncé	1922	Sapor 138736	Quornélie 130968
Agnone	157267	noire	1922	Sanderling 136440	Miope 107419
Agonie	157928	noire	1922	Pégoud 126957	Quaséeuse 131616
Agora	155574	gris-cl.-v.	1922	Polonais 125998	Parcelle 128676
Agora	157930	noire	1922	Quarteron 128953	Plaisante 127067
Agouti	156853	gris-foncé	1922	Sénateur 138093	Jambelette 85595
Agra	157268	noir-zain	1922	Sanderling 136440	Coquette 78440
Agra	159345	grise	1922	Soissonnais 139160	Karafe 97490
Agrafe	155576	gris-foncé	1922	Polonais 125998	Origine 123828
Agrafe	157933	grise	1922	Keramin 95167	Hilarité 77020
Agrafe	158634	noire	1922	Radeau 134903	Obligée 122529
Agraire	156854	grise	1922	Sénateur 138093	Méfiante 107639
Agraphie	155577	gris-tr.-cl.	1922	Polonais 125998	Noria 118514
Agraphie	157934	bai brun	1922	Quarteron 128953	Insolvable 82371
Agrarienne	155580	gris-vin.	1922	Neigeux 112725	Naïsse 113208
Agréable	155578	alezane	1922	Neigeux 112725	Nevada 113179
Agreda	159346	grise	1922	Médisant 105527	Opportune 123091
Agrégée	155579	gris-fer	1922	Neigeux 112725	Orgie 123830
Agrégée	157938	noire	1922	Quarteron 128953	Instinctive 81107
Agression	156040	grise	1922	Pampelune 124878	Occase 121401
Agression	157940	noir-zain	1922	Quarteron 128953	Lente 101424

NOM	N°	ROBE	Naissance	PÈRE	MÈRE
Agressive	155582	noire	1922	Succédané 137925	Tasmanie 142234
Agressive	157939	noire	1922	Quarteron 128953	Olargue 122432
Agricola	157269	bai-br.-f.	1922	Sanderling 136440	Lauréate 103114
Agricole	155193	noir-zain	1922	Souvenons 136704	Porcelette 125262
Agricole	156041	grise	1922	Quarteron 128953	Jugulaire 88469
Agricole	157941	noire	1922	Quarteron 128953	Oletta 122434
Agriculture	155767	grise	1922	Poison 125565	Kildarée 92287
Agriculture	157270	noir-zain	1922	Sapristi 137097	Quortone 130983
Agriculture	157942	gris-tr.-f.	1922	Quarteron 128953	Repartie 133667
Agrigente	159350	grise	1922	Soupeur 137696	Nymphée 117127
Agripaume	156049	grise	1922	Roc 132979	Noironte 114263
Agripaume	157943	noire	1922	Quarteron 128953	Tiède 141282
Agrippa	155147	grise	1922	Regrattier 133261	Picpoule 125738
Agrippa	159353	grise	1922	Romand 135963	Panémone 127731
Agrippine	157272	grise	1922	Sapristi 137097	Kassette 93041
Agrippine	159355	grise	1922	Romand 135963	Harabernare 76632
Agromanie	156048	grise	1922	Roc 132979	Objection 120263
Agromanie	157944	noire	1922	Quarteron 128953	Grincheuse 72737
Agromanie	159965	grise	1922	Quoin 131888	Serpolette 140195
Agronomie	158635	noire	1922	Muet 109445	Liesse 104268
Agudelle	157829	noir-zain	1922	Récipé 135282	Pastourelle 126538
Ahéville	157832	bai-brun	1922	Sanderling 136440	Java 88118
Ahurie	155586	grise	1922	Simbleau 136949	Lisette 57830
Aïcha	156338	grise	1922	Sauteur 137147	Trace 144653
Aïcha	157273	noire	1922	Stimulant 137850	Charmante 57515
Aïcha	159356	grise	1922	Romand 135963	Résection 135641
Aiche	157953	noire	1922	Sanderling 136440	Saxatile 138545
Aïda	155236	noire	1922	Souvenons 136704	Palmette 67187
Aïda	156445	grise	1922	Nyctalope 113635	Roche 136133
Aide	155784	grise	1922	Serpentin 138275	Radiante 132810
Aïeule	155592	rouanne	1922	Séquoia 137376	Oléinée 120293
Aïeule	157955	gris-foncé	1922	Mylord 107421	Nitée 115790
Aigleblanche	157843	noire	1922	Lichas 98731	Parana 127001
Aiglepierre	157835	alezane	1922	Polus 126947	Jacqueline 86871
Aiglette	155589	grise	1922	Sauteur 137147	Pelletrie 125178
Aiglette	157686	gris-clair	1922	Quétupa 129570	Mina 109107
Aiglette	157956	gris-foncé	1922	Mylord 107421	Ravenelle 132970
Aiglette	159974	gris-foncé	1922	Quoin 131888	Rébecca 136290
Aigleville	157836	grise	1922	Névrosé 113735	Incorrecte 82467
Aiglone	155252	grise	1922	Ramoneur 133946	Talca 140692
Aiglonne	155594	gris-clair	1922	Perturbateur 125648	Ordonnée 119403
Aiglonne	157133	gris-clair	1922	Sanderling 136440	Ratine 132980
Aiglonne	157699	noire	1922	Sion 139143	Nuance 116272
Aiglonne	157957	gris-tr.-f.	1922	Mylord 107421	Martha 67746
Aignade	156781	grise	1922	Saurin 137137	Oxforde 119852

NOM	N°	ROBE	Naissance	PÈRE	MÈRE
Aigne	157837	bai-brun	1922	Rancart 132911	Râpe 135144
Aigneville	157839	grise	1922	Rancart 132911	Taulanne 142416
Aigre	157275	grise	1922	Sapristi 137097	Mauviette 107708
Aigre	157958	gris-foncé	1922	Pégoud 126957	Olliergue 122445
Aigre	159360	noire	1922	Médisant 105527	Napée 117145
Aigrefeuille	157277	noir-zain	1922	Sapristi 137097	Seya 138373
Aigrefeuille	157841	noir zain	1922	Rancart 132911	Pillarde 126997
Aigrefine	158705	gris-fer	1922	Quaïman 129648	Sensuelle 139146
Aigrelatte	155599	gris-foncé	1922	Nyctalope 113635	Lusace 99247
Aigrelette	157960	noire	1922	Quarteron 128953	Martingale 108364
Aigrelette	158713	gris-fer-f.	1922	Radeau 134903	Koraline 97266
Aigrelette	159975	gris-foncé	1922	Recteur 135313	Pastille 127931
Aigremoine	155600	grise	1922	Séquoia 137376	Sidérale 137473
Aigremoine	157961	grise	1922	Mylord 107421	Sarcelle 138463
Aigremoine	159976	gris-foncé	1922	Recteur 135313	Munition 110855
Aigrette	155595	noire	1922	Nyctalope 113635	Kramérie 89687
Aigrette	156188	noire	1922	Raynouard 133959	Rebellion 133040
Aigrette	157705	gris-foncé	1922	Pégoud 126957	Konnachi 95165
Aigrette	157962	noire	1922	Pégoud 126957	Médine 108429
Aigreur	155596	grise	1922	Nyctalope 113635	Pimpolaise 125590
Aigreur	157963	grise	1922	Pégoud 126957	Pavia 127075
Aiguade	157968	gris-foncé	1922	Pégoud 126957	Ninette 115777
Aiguade	159979	noire	1922	Nicobar 118452	Océanide 124050
Aiguë	155601	grise	1922	Séquoia 137376	Sidération 137476
Aiguë	157965	grise	1922	Pégoud 126957	Semence 138530
Aiguebelle	157278	grise	1922	Sapristi 137097	Neuve 114516
Aiguabelle	157842	noire	1922	Lichas 98731	Questeuse 131072
Aiguefonde	157844	noire	1922	Mylord 107421	Narceine 112275
Aigueperse	157281	noire	1922	Sapristi 137097	Nymphe 115502
Aigueperse	157845	noire	1922	Mylord 107421	Ollée 122456
Aiguière	155603	grise	1922	Séquoia 137376	Houleuse 74286
Aiguière	159981	gris-foncé	1922	Quoin 131888	Soulosse 139436
Aiguillade	155605	alezane	1922	Simbleau 136949	Piéride 125758
Aiguille	155609	gris-foncé	1922	Quaduc 129371	Louette 99087
Aiguille	155777	gris-foncé	1922	Poison 125565	Robe 133814
Aiguille	157283	grise	1922	Sapristi 137097	Sergette 136987
Aiguille	157846	noire	1922	Quissac 130271	Napolitaine 117858
Aiguille	159361	gris-foncé	1922	Quasson 131729	Suédoise 139264
Aiguillée	155610	grise	1922	Nyctalope 113635	Pierrée 125762
Aiguillette	155611	grise	1922	Nyctalope 113635	Soucoupe 137667
Aiguine	157849	bai-brun	1922	Rancart 132911	Quassia 132624
Aiguiserie	155612	grise	1922	Quaduc 129371	Roqueville 134586
Aigurande	159362	gris clair	1922	Mercy 105783	Helena 93500
Ailante	157974	gris-foncé	1922	Sanderling 136440	Castille 87560
Aile	155614	noire	1922	Pouff 124218	Sarlate 136598

NOM	N°	ROBE	Naissance	PÈRE	MÈRE
Aile	157975	noire	1922	Sanderling 136440	Niaiserie 115752
Ailée	155617	grise	1922	Nyctalope 113635	Perrette 124295
Ailette	155935	grise	1922	Pélissier 126603	Ouithe 120574
Ailette	156050	grise	1922	Salbry 138859	Trappe 141705
Ailette	157703	grise	1922	Sion 139143	Rade 134848
Ailette	159987	gris-foncé	1922	Maral 111305	Roulette 135449
Aillère	157848	noire	1922	Négligent 112708	Membrane 106534
Ailleville	157851	noir-zain	1922	Rancart 132911	Réfugiée 135360
Aimable	155732	gris-fer	1922	Souvenons 136704	Nourriture 112435
Aimable	156731	grise	1922	Quaduc 129371	Lécluse 100438
Aimable	157159	noire	1922	Succédané 137925	Noblesse 114759
Aimante	157980	noir-zain	1922	Névrosé 113735	Numation 117115
Aimantine	156054	grise	1922	Séducteur 137280	Océanie 119628
Aimée	155152	grise	1922	Quaduc 129371	Rogue 134241
Aincreville	157852	noire	1922	Rancart 132911	Poésie 125365
Aine	156055	grise	1922	Séducteur 137280	Kocasse 92608
Aine	157981	noire	1922	Sapristi 137097	Gâchette 73096
Ainesse	156056	grise	1922	Séducteur 137280	Travée 141711
Aînette	155301	grise	1922	Simbleau 136949	Parasélène 124471
Ainvelle	157853	noire	1922	Rancart 132911	Rugen 134780
Aire	156062	gris-foncé	1922	Rouleau 134450	Médiévale 108220
Aire	157289	grise	1922	Névrosé 113735	Sahaye 136440
Aire	157983	bai-brun	1922	Mordicant 110698	Icarie 79302
Aire	159363	noire	1922	Médisant 105527	Parade 127791
Airelle	155629	noire	1922	Rougetout 133602	Relocation 133317
Airelle	157985	gris-tr.-f.	1922	Mordicant 110698	Opposée 121706
Airelle	159992	grise	1922	Servilly 139658	Koranette 97261
Airure	157986	noire	1922	Manillon 110245	Klasse 94961
Aisance	156065	grise	1922	Salbry 138859	Mime 107855
Aisance	159993	grise	1922	Quompromis 132021	Saze 139524
Aisée	157989	alezane	1922	Mordicant 110698	Noiseraie 117968
Aisne	155647	noire	1922	Reclus 134371	Sophie 54523
Aisne	157290	noire	1922	Roulans 134739	Jarosse 98500
Aisne	159366	grise	1922	Médisant 105527	Résiliation 135654
Aïssé	157291	grise	1922	Ouistreham 120076	Ramette 135099
Aïssé	159367	grise	1922	Quasson 131729	Quavatine 131777
Aisselle	156067	gris-clair	1922	Salbry 138859	Tutu 141726
Aissette	156068	grise	1922	Salbry 138859	Pliure 125904
Aix	155787	gris-foncé	1922	Poison 125565	Pèpe 125431
Aixe	157293	noire	1922	Sang 136446	Lavisse 100534
Aixe	157858	grise	1922	Quissac 130271	Qroatie 131084
Aizanville	157860	grise	1922	Quissac 130271	Fauchon 64030
Aize	157859	noire	1922	Quissac 130271	Oligarchie 121593
Aizelle	157862	grise	1922	Quissac 130271	Orose 122320
Ajourée	156070	grise	1922	Salbry 138859	Rive 134204

NOM	N°	ROBE	Naissance	PÈRE	MÈRE
Ajusture	156072	grise	1922	Salbry 138859	Jézabel 86169
Ajusture	157995	noire	1922	Malplaquet 107145	Querelleuse 128992
Akakia	157294	gris-foncé	1922	Stimulant 137850	Margotine 97100
Akène	156074	grise	1922	Salbry 138859	Taciturne 140691
Akène	157996	noire	1922	Malplaquet 107145	Perthes 127079
Akenside	157295	noire	1922	Stimulant 137850	Nivéole 118718
Akenside	159368	gris-fer	1922	Quasson 131729	Ourcelle 122741
Akine	155273	grise	1922	Ramoneur 133946	Kine 91691
Akra	157296	noire	1922	Pégoud 126957	Novellette 115517
Akra	159369	grise	1922	Soissonnais 139160	Néarque 117180
Alabama	159370	grise	1922	Quasson 131729	Galante 72171
Alacoq	155967	grise	1922	Régisseur 133613	Optime 119160
Alacoque	157301	noire	1922	Kalet 92507	Recluse 133139
Alacoque	159371	gris-foncé	1922	Quasson 131729	Sivergue 139731
Alacrité	157998	noire	1922	Mordicant 110698	Invite 79257
Alahaie	158451	gris-foncé	1922	Nichet 117897	Nuelle 117500
Alaigne	157863	noire	1922	Quissac 130271	Quornière 131085
Alaigne	159372	grise	1922	Nichet 117897	Ocre 122862
Alaise	157865	noire	1922	Quissac 130271	Jaleuse 87169
Alaize	155877	noir-zain	1922	Sérum 136999	Kabale 95498
Alaize	155951	grise	1922	Saturnien 137115	Perlette 125441
Alalie	156077	noire	1922	Séducteur 137280	Nabothe 114576
Alante	157709	noire	1922	Sion 139143	Kolette 94378
Alarmante	156078	grise	1922	Salbry 138859	Tremblaie 141744
Alarmante	158001	noire	1922	Mordicant 110698	Nordique 113562
Alarme	156079	grise	1922	Salbry 138859	Sentine 137343
Alarme	156771	noire	1922	Regrattier 133264	Quorniche 130552
Alarme	159097	gris-rouan	1922	Récitateur 135287	Quêteuse 132590
Alaska	157302	gris-clair	1922	Sapristi 137097	Ruine 134502
Alaska	159373	grise	1922	Nichet 117897	Offense 122906
Alata	157868	noire	1922	Quissac 130271	Hia 98491
Alava	157303	gris-clair	1922	Sapristi 137097	Papéine 126961
Alava	159374	noire	1922	Soissonnais 139160	Phlébite 128278
Alba	157870	noire	1922	Quissac 130271	Mouvante 107184
Albacète	155822	noire	1922	Fier-à-Bras 65250	Picciola 125286
Albacète	157308	grise	1922	Sapristi 137097	Rameuse 135102
Albacète	159376	grise	1922	Sardonien 140136	Sollière 139749
Albanaise	156865	grise	1922	Poison 125365	Osmose 121041
Albanaise	159382	grise	1922	Keris 93769	Piane 128296
Albanaise	159098	gris-vin.	1922	Récitateur 135287	Niagara 118098
Albane	157304	grise	1922	Pégoud 126957	Macédoine 107193
Albane	157869	grise	1922	Quissac 130271	Lanne 101431
Albane	159379	grise	1922	Keris 93769	Kabale 96411
Albanie	155785	grise	1922	Qualot 131492	Kastille 89871
Albanie	157306	grise	1922	Sapristi 137097	Sanguine 138403

NOM	N°	ROBE	Naissance	PÈRE	MÈRE
Albanie	159380	gris-l.-v.	1922	Saumur 139480	Marianne 109616
Albanose	157098	noire	1922	Remisier 133326	Néphrite 114363
Albarède	157871	alezane	1922	Quissac 130271	Rentière 135142
Albarelle	156081	grise	1922	Salbry 138859	Ombrelle 118949
Albarelle	159999	noir-m.-t.	1922	Sébastopol 138274	Quotte 132325
Albe	157309	gris-foncé	1922	Sapristi 137097	Nuelle 115529
Albe	159383	gris-foncé	1922	Kéris 93769	Piaste 128297
Albefeuille	157875	grise	1922	Polus 126947	Néophobie 115715
Albère	157340	grise	1922	Sapristi 137097	Satinette 138405
Albère	157876	gris-foncé	1922	Polus 126947	Nacrée 115549
Alberge	156082	grise	1922	Rouleau 134450	Trémière 141753
Alberge	158007	noire	1922	Malplaquet 107145	Laie 103591
Alberge	160000	gris-foncé	1922	Sébastopol 138271	Quonstance 132122
Alberte	159384	bai br. z.	1922	Kéris 93769	Judée 98529
Albertine	155724	gris-foncé	1922	Souvenons 136704	Popotte 125270
Albertine	159400	grise	1922	Sarcome 136375	Kanitie 90721
Albertine	160059	grise	1922	Strasbourg 139864	Quératine 132452
Albertville	157311	noire	1922	Pégoud 126957	Judée 87924
Albertville	157877	grise	1922	Kagot 92240	Larmorienne 101367
Albertville	159385	gris-bleu	1922	Kéris 93769	Navucelle 118271
Albière	157882	noire	1922	Quissac 130271	Juvénile 86882
Albigeoise	157312	gris-foncé	1922	Sapristi 137097	Kaboche 92446
Albigeoise	159388	grise	1922	Quompromis 132021	Revirade 135776
Albine	156796	gris-foncé	1922	Quaduc 129371	Seine 137294
Albine	157883	gris-noir	1922	Polus 126947	Kustine 95389
Albion	157343	noire	1922	Ouistreham 120076	Nature 115618
Albion	159391	grise	1922	Rêvasseur 135749	Revision 135777
Albite	156084	gris-foncé	1922	Salbry 138859	Grabuche 70097
Albite	158010	noire	1922	Manillon 110245	Furia 63745
Albite	160001	gris-foncé	1922	Servilly 139658	Permise 128199
Alboussière	157884	noire	1922	Polus 126947	Oufa 122367
Albuera	157315	noir-zain	1922	Sang 136446	Koquille 91267
Albuera	159394	noir-rub.	1922	Lédon 101823	Nasse 118323
Albufera	159395	noire	1922	Lédon 101823	Ida 82667
Albugine	158011	bai - foncé	1922	Malplaquet 107145	Maurelle 109901
Albumine	155628	noire	1922	Rongetout 133602	Paulette 65143
Albumine	156091	grise	1922	Rouleau 134450	Oléronc 119674
Albumine	158013	grise	1922	Malplaquet 107145	Poulotte 127088
Albumine	160003	gris-foncé	1922	Récitateur 135287	Nacrée 117516
Albuquerque	157316	noire	1922	Ouistreham 120076	Offerte 119652
Alcade	156092	grise	1922	Rouleau 134450	Nettie 113905
Alcade	158014	grise	1922	Mordicant 110698	Rapide 134975
Alcala	157319	gris-foncé	1922	Stimulant 137850	Nouzerolle 115501
Alcala	159396	noire	1922	Lédon 101823	Rose 135484
Alcaline	155189	grise	1922	Sonnant 137627	Quantine 129696

NOM	N°	ROBE	Naissance	PÈRE	MÈRE
Alcaline	155621	gris-foncé	1922	Quadricycle 128838	Roupie 134456
Alcaline	158019	noire	1922	Malplaquet 107145	Quachette 131359
Alcaline	160006	noire	1922	Lutécien 102720	Harmonieuse 77944
Alcantara	157321	grise	1922	Ouistreham 120076	Quatoche 130821
Alcantara	159397	grise	1922	Lédon 101823	Octavie 123998
Alcée	155619	gris-foncé	1922	Ouistreham 120076	Laborieuse 103129
Alcée	157324	noire	1922	Ouistreham 120076	Héronnière 78064
Alcée	158020	bai-brun	1922	Mordicant 110698	Lunéville 103511
Alcée	159402	noir m.-t.	1922	Remonteur 134855	Orfraie 120937
Alcée	160007	noire	1922	Récitateur 135287	Moréna 111177
Alceste	157326	gris-foncé	1922	Ouistreham 120076	Sabretache 137059
Alchimie	155620	noire	1922	Ouistreham 120076	Nouvelle 115498
Alchimie	158023	noire	1922	Malplaquet 107145	Laxative 99665
Alcide	159403	bai-br.-f.	1922	Remonteur 134855	Rosâtre 135481
Alcira	157327	grise	1922	Kalof 92507	Pérélixe 125457
Alcira	159405	noir-m.-t.	1922	Satolas 139450	Marcassite 110302
Alcmène	157328	grise	1922	Kalof 92507	Série 136916
Alcmène	159406	gris-clair	1922	Satolas 139450	Jarre 89091
Alcôve	155622	gris-foncé	1922	Quadricycle 128838	Inattendue 80378
Alcyon	155847	grise	1922	Ramoneur 133946	Tanière 141083
Alcyone	157330	noire	1922	Ouistreham 120076	Livrée 103163
Alcyone	159407	gris-foncé	1922	Régis 134284	Nerva 118497
Alde	157331	gris-foncé	1922	Ouistreham 120076	Ramure 135118
Aldée	155623	gris-foncé	1922	Ouistreham 120076	Oudine 121318
Aldée	158325	gris-noir	1922	Sanderling 136440	Pulsatrice 126836
Aldegonde	155726	noire	1922	Sage 138029	Odine 120657
Aldegonde	157332	noir-zain	1922	Ouistreham 120076	Kontractile 91808
Aldegonde	159409	gris-foncé	1922	Satolas 139450	Pible 128300
Ale	155624	gris-foncé	1922	Ouistreham 120076	Saisie 136776
Ale	156732	grise	1922	Quaduc 129371	Kampanie 90912
Alençon	157333	noir-zain	1922	Sapristi 137097	Oléine 121469
Alène	155635	noire	1922	Saponacé 137099	Loutre 103288
Alène	158326	gris-foncé	9222	Sanderling 136440	Orangère 121977
Alénoise	158338	noire	1922	Razia 133345	Nacelle 116744
Alépine	156096	baie	1922	Sajas 139345	Rustique 132975
Alépine	158327	gris-foncé	1922	Sanderling 136440	Orangerie 121979
Aleria	157334	noire	1922	Sapristi 137097	Kérim 95128
Aleria	157887	grise	1922	Polus 126947	Bijou 78537
Aleria	159410	grise	1922	Remonteur 134855	Impie 81258
Alerte	155156	noire	1922	Quaduc 129371	Rainure 133528
Alerte	155435	gris-t. cl.	1922	Receveur 133074	Quandide 130705
Alerte	155733	gris-foncé	1922	Qualot 131492	Pépita 125280
Alerte	156097	noire	1922	Sajas 139345	Nacense 113203
Alerte	156889	grise	1922	Quaduc 129371	Norma 114895
Alerte	157465	grise	1922	Polus 126947	Nègre mle 115195

NOM	N°	ROBE	Naissance	PÈRE	MÈRE
Alerte	157696	grise	1922	Sion 139143	Capucine 62492
Alerte	157668	noire	1922	Quasi 128865	Laura 102449
Alerte	159738	grise	1922	Obstructif 120705	Oracle 124008
Alerte	160026	grise	1922	Relevant 133297	Marthe 109165
Alesace	155661	gris-foncé	1922	Sage 138029	Presse 126304
Alèse	156111	noire	1922	Lichas 98734	Quenza 128980
Alèse	157156	grise	1922	Succédané 137925	Muscadelle 106686
Alèse	158351	noire	1922	Illettré 81310	Méprise 110418
Alésée	156098	noire	1922	Lichas 98734	Osselle 120063
Alésée	158332	noire	1922	Santander 138727	Pindare 127252
Alésia	155821	noire	1922	Pantin 124490	Herbette 77343
Alésia	157336	noire	1922	Sapristi 137097	Stata 138372
Alésia	159445	gris-foncé	1922	Sabot 137038	Joyeuse 88976
Aleste	157169	noire	1922	Remisier 133326	Lanterne 97759
Alésure	156103	grise	1922	Sarcome 136375	Nomenclature 143869
Alésure	158334	gris-foncé	1922	Négligent 112708	Quasaque 131606
Aleth	159411	noire	1922	Remonteur 134855	Gigue 98570
Alette	157888	noire	1922	Pôlus 126947	Miniature 107131
Aleurite	156104	alezane	1922	Sarcome 136375	Hectisie 73878
Aleurite	160013	gris-foncé	1922	Marat 111305	Instruction 82737
Aleurone	156107	gris-foncé	1922	Salbry 138859	Répandue 133428
Aleurone	158336	gris-foncé	1922	Négligent 112708	Modiste 109971
Alevinière	158348	gris fer	1922	Malplaquet 107145	Ramille 133938
Alexandra	155820	noire	1922	Pantin 124490	Râtissoire 133244
Alexandra	157337	noire	1922	Sapristi 137297	Koublai 95121
Alexandra	159446	gris-foncé	1922	Sabot 137038	Navette 118521
Alexandrette	157339	noire	1922	Névrosé 143735	Liée 100765
Alexandrie	157340	noire	1922	Sapristi 137097	Roulotte 134451
Alexandrie	159447	grise	1922	Sabot 137038	Minette 111362
Alexandrine	155721	noire	1922	Sage 138029	Rapine 133569
Alexandrine	156108	grise	1922	Salbry 138859	Semence 137314
Alexandrine	156877	grise	1922	Pélissier 126603	Kognac 92698
Alexandrine	160016	grise	1922	Nicobar 118452	Mistoufle 106130
Alexine	156741	grise	1922	Sénateur 138093	Quoterie 130589
Alexitère	158350	gris foncé	1922	Sathonay 138750	Lette 104136
Alezane	157715	al.-br.-m.	1922	Marocain 107904	Musique 107612
Alèze	155165	gris-foncé	1922	Quaduc 129371	Savatte 136573
Alèze	158356	noire	1922	Mordicant 110698	Ina 98406
Alézée	158358	noire	1922	Rancart 132911	Ibérienne 82217
Alfa	155377	grise	1922	Nyctalope 113635	Qulotte 129209
Alfa	156394	noire	1922	Remords 133354	Ogivette 118872
Alfa	157186	gris-foncé	1922	Raynouard 133959	Ivette 98074
Alfene	156774	grise	1922	Quaduc 129371	Prétention 126262
Algalie	156131	noire	1922	Mylord 107421	Septante 137004
Algalie	158559	noire	1922	Manillon 110245	Guillemette 71781

NOM	Nº	ROBE	Naissance	PÈRE	MÈRE
Algarade	158360	noire	1922	Rancart 132911	Opprimée 121715
Algarde	155824	gris-foncé	1922	Pantin 124490	Scandinave 138073
Algarve	157341	noire	1922	Sapristi 137097	Hautefeuille 73696
Algarve	159419	gris-foncé	1922	Polonais 125938	Tarpéia 144039
Algazelle	158361	gris-foncé	1922	Mordicant 110698	Mouvette 110683
Algèbre	158362	noire	1922	Mordicant 110698	Gallirhoé 72045
Algérie	155708	grise	1922	Strongle 138148	Odessa 120624
Algérie	155836	noire	1922	Supérieur 137000	Pluviose 125416
Algérie	157346	grise	1922	Sapristi 137097	Philosophie 126981
Algérie	159422	noir-zain	1922	Remonteur 134855	Elodie 68873
Algérienne	158366	gris-foncé	1922	Malplaquet 107145	Lamétairie 102137
Algidité	158367	noire	1922	Mordicant 110698	Imola 93454
Algue	156185	gris-rouan	1922	Remisier 133326	Préprêture 126398
Algue	156832	noire	1922	Quirat 128885	Réussite 133696
Algue	158368	noire	1922	Mordicant 110698	Kardamine 95647
Alhambra	155597	bai-brun	1922	Roussin 134466	Rigoleuse 134454
Alhambra	157348	gris-foncé	1922	Kalot 92507	Konstitution 91571
Alibaba	155095	noir-zain	1922	Sans-Cœur 136540	Kaliberda 89943
Alicante	155811	grise	1922	Sérum 136999	Xone 111924
Alicante	157349	noir-zain	1922	Stimulant 137850	Proie 126355
Alicante	158369	noire	1922	Mordicant 110698	Netteté 115739
Alicante	159423	noir-m.-t.	1922	Lédon 101823	Marquise 111160
Alicanthe	157200	gris-cl.-v.	1922	Komplex 91539	Kopule 91260
Alichon	156228	grise	1922	Pouff 124218	Habituée 74602
Alida	155225	grise	1922	Ramassetout 133573	Quarpette 129349
Alida	156483	grise	1922	Saurin 137137	Lamie 100611
Alidade	156224	noire	1922	Perturbateur 125648	Prudente 125585
Alidade	158370	gris-foncé	1922	Servilly 139658	Serpillière 140191
Aliénée	156235	noire	1922	Perturbateur 125648	Schlitte 137197
Aliénée	158371	noire	1922	Saintesprit 138197	Pouzole 127336
Aligre	157350	noire	1922	Stimulant 137850	Salope 138416
Aligre	159424	grise	1922	Lédon 101823	Drague 60820
Alima	157352	noire	1922	Stimulant 137850	Olime 122262
Alima	159426	grise	1922	Lédon 101823	Monette 111318
Aline	155199	grise	1922	Quaduc 129371	Préfète 124901
Aline	157691	noire	1922	Senon 139596	Kadie 94575
Aline	158394	gris-foncé	1922	Royal 133913	Picorée 128308
Aliquante	156240	grise	1922	Quaduc 129371	Noise 112028
Aliquante	158375	gris-foncé	1922	Royal 133913	Garlotte 98378
Aliquote	156245	alezan-br.	1922	Nyctalope 113635	Pocheuse 125531
Aliquote	158377	noire	1922	Saintesprit 138197	Préneste 127345
Alisce	155656	grise	1922	Pélissier 126603	Quina 129120
Alise	155850	grise	1922	Strongle 138148	Parana 125473
Alise	155879	grise	1922	Sérum 136999	Romance 133824
Alise	156249	grise	1922	Sauteur 137147	Javelee 83785

NOM	N°	ROBE	Naissance	PÈRE	MÈRE
Alise	157173	noir-zain	1922	Remisier 133326	Nombreuse 114796
Alise	158378	gris-foncé	1922	Royal 133913	Norolle 116675
Alise	159351	gris-clair	1922	Réalgar 135244	Succession 139261
Alise	159427	noire	1922	Lédion 101823	Goulue 98569
Alizarine	156250	grise	1922	Sauteur 137147	Manuelle 107987
Alizarine	158381	gris-foncé	1922	Sowiet 138115	Lépine 103461
Alizée	155947	grise	1922	Poison 125565	Oxygénée 120805
Alkékenge	158379	gris-foncé	1922	Royal 133913	Killina 96831
Alkermès	158385	gris-clair	1922	Seythenex 139684	Orseille 123207
Allada	157353	gris-foncé	1922	Stimulant 137850	Tamerville 142377
Allada	159429	gris-vin.	1922	Polonais 125998	Jarrie 89209
Allahabad	157355	grise	1922	Saponacé 137099	Provocante 126448
Allaire	157356	grise	1922	Sabreur 136429	Lainière 100175
Allaise	158382	gris-foncé	1922	Sowiet 138115	Kapeline 95608
Allanche	157358	noir-zain	1922	Saponacé 137099	Karrée 90850
Allanche	159431	gris fer	1922	Régis 134284	Rosacée 136000
Allantoïde	158383	noire	1922	Pilon 127251	Lamie 102555
Allée	155551	gris-fer	1922	Quaduc 129371	Quantine 130222
Allée	156259	grise	1922	Roussin 134466	Ignelle 80453
Allée	158386	gris-fer	1922	Sowiet 138115	Latomie 104038
Allégation	158387	noire	1922	Sowiet 138115	Kouflette 92655
Allège	158388	alezane	1922	Royal 133913	Nue 115915
Allégorie	156262	grise	1922	Rouleau 134450	Mousquère 68500
Allégorie	158389	gris-vin.	1922	Nichet 117897	Parvenue 127892
Allègre	155970	grise	1922	Quasson 131729	Hanebane 76004
Allègre	157359	noire	1922	Saponacé 137099	Huisserie 73947
Allégresse	156263	noir-zain	1922	Roussin 134466	Roulée 134445
Allégresse	158391	gris-foncé	1922	Mercy 105783	Réglisse 135396
Allia	157360	noire	1922	Stellionat 137835	Quopiste 130486
Allia	159434	gris-foncé	1922	Lédion 101823	Soulange 139820
Alliacée	158392	gris-foncé	1922	Mercy 105783	Quouche 132334
Alliance	155161	noire	1922	Quaduc 129371	Ombellifère 119130
Alliance	155654	noire	1922	Poison 125565	Qreuse 130004
Alliance	156264	grise	1922	Roussin 134466	Qlarinette 129928
Alliance	158395	noire	1922	Seythenex 139684	Kavalcade 94933
Alliance	159436	gris-foncé	1922	Satolas 139450	Narquoise 118559
Alliée	156265	baie	1922	Roussin 134466	Outrée 119554
Alliée	158396	gris-fer	1922	Salase 139347	Nonvue 117048
Allocation	158397	gris-foncé	1922	Mercy 105783	Mitraille 110624
Allocution	158399	gris-cend.	1922	Salase 139347	Serbie 138906
Allodiale	158404	gris-foncé	1922	Salase 139347	Mixtion 110628
Allonge	156269	noire	1922	Séducteur 137280	Poire 125560
Allonge	158406	alezane	1922	Royal 133913	Ouzes 120960
Allotropie	158407	gris-foncé	1922	Royal 133913	Servie 138908
Allouette	155125	gris-foncé	1922	Saturnien 137115	Ixine 79917

NOM	N°	ROBE	Naissance	PÈRE	MÈRE
Allumée	155886	noir-zain	1922	Santos 138735	Limonade 62030
Allumelle	156277	noire	1922	Perturbateur 125648	Rhagade 134117
Allumelle	158408	gris-foncé	1922	Pilon 127251	Quaisse 131425
Allumette	155642	gris-foncé	1922	Pélissier 126603	Siffle 138265
Allumette	156279	grise	1922	Séducteur 137280	Thelast 141592
Allumette	156857	noire	1922	Quirat 128885	Quagoule 129636
Allumette	158414	gris-foncé	1922	Royal 133913	Krimolia 96828
Allumeuse	155158	grise	1922	Sommant 137627	Quamoulle 128829
Allumière	156281	baie	1922	Séducteur 137280	Kanule 92877
Allure	156286	noire	1922	Sommant 137627	Pote 126102
Allure	158416	baie	1922	Royal 133913	Novacelle 116700
Alluviale	155178	noire	1922	Strongle 138148	Quabane 129049
Alluvion	156139	grise	1922	Roe 132979	Nokasse 111612
Alma	157363	grise	1922	Moineau 106576	Productive 126337
Alma	159437	gris-vin.	1922	Remonteur 134855	Nérite 118560
Almanza	157364	noire	1922	Saponacé 137099	Turlurette 142135
Almanza	159438	gris-fer	1922	Remonteur 134855	Pilule 128347
Almaviva	157365	noir-zain	1922	Lichas 98731	Précession 126183
Almaviva	159442	gris-clair	1922	Polonais 125998	Liane 104031
Almée	156142	grise	1922	Raynouard 133959	Palès 126924
Almée	158418	gris-cend.	1922	Rapide 134867	Kornue 95051
Almeida	159443	gris-clair	1922	Polonais 125998	Quinolla 132412
Alméria	159444	gris-fer	1922	Sabot 137038	Sahara 139829
Alonsine	159449	noire	1922	Soulignac 139825	Orpheline 123863
Alopécie	156292	grise	1922	Suceur 137935	Tourmente 141608
Alose	155755	grise	1922	Fier-à-Bras 65250	Isbillette 80019
Alose	156297	noir-zain	1922	Séducteur 137280	Lutine 99083
Alose	156850	noire	1922	Quirat 128885	Mentiane 106381
Alose	158419	gris-fer	1922	Royal 133913	Lasagne 103721
Alouate	158421	gris-foncé	1922	Saintesprit 138197	Naufragée 116823
Alouette	155211	grise	1922	Souvenons 136704	Manivelle 105331
Alouette	156299	gris-foncé	1922	Séducteur 137280	Limenière 101052
Alouette	156536	noire	1922	Sarcome 136375	Ruade 134027
Alouette	156876	noire	1922	Quirat 128885	Rusée 133994
Alouette	157134	grise	1922	Raynouard 133959	Suivie 137961
Alouette	157215	gris-foncé	1922	Komplex 91539	Noyade 114458
Alouette	157517	baie	1922	Ouleux 121183	Quinine 131690
Alouette	158424	alezane	1922	Royal 133913	Quapote 131191
Alouette	159445	grise	1922	Sabot 137038	Ourse 123514
Alpe	159446	grise	1922	Remonteur 134855	Noisette 118507
Alphée	157371	gris-tr.-f.	1922	Saumur 136404	Précision 126190
Alphonsine	159447	gris-foncé	1922	Numéro 118363	Olive 123522
Alpicole	156300	noire	1922	Séducteur 137280	Rance 133709
Alpicole	158430	alezane	1922	Quanard 131542	Hotte 98401
Alpine	155208	gris-foncé	1922	Sorcier 136515	Quinquina 129323

NOM	N°	ROBE	Naissance	PÈRE	MÈRE
Alpine	156301	grise	1922	Roussin 134466	Loque 101081
Alpine	157128	noire	1922	Ops 121242	Névrite 114400
Alpine	158426	gris-cend.	1922	Saintesprit 138197	Pologne 128763
Alsace	155200	gris-foncé	1922	Sage 138029	Prestesse 126245
Alsace	157152	noire	1922	Succédané 137925	Nimègue 112630
Alsace	157196	noire	1922	Komplex 91539	Obésité 121357
Alsace	157370	grise	1922	Succédané 137925	Orgie 119439
Alsace	159450	gris-foncé	1922	Satolas 139450	Orestie 123450
Alsacienne	155190	noire	1922	Souvenons 136704	Ombrette 118950
Alsacienne	156302	baie	1922	Séducteur 137280	Poivrade 125574
Alsacienne	156776	grise	1922	Saponacé 137099	Profession 126341
Alsacienne	158428	gris-cend.	1922	Royal 133913	Nausée 116827
Alsine	155472	grise	1922	Ouistreham 120076	Qualigula 130661
Alsine	155494	grise	1922	Succédané 137925	Notre 114284
Alsine	156304	baie	1922	Roussin 134466	Tournée 144616
Alsine	158429	noire	1922	Saintesprit 138197	Relapse 135411
Alsten	159454	gris-foncé	1922	Numéro 118563	Ophtalmie 123074
Alston	159456	noire	1922	Soulignac 139825	Routine 136032
Altérante	156306	grise	1922	Sauteur 137147	Novale 114549
Altérante	158433	noire	1922	Konstat 95797	Menace 110372
Altération	156311	grise	1922	Salbry 138859	Kabaretière 90435
Alternative	158435	gris-cend.	1922	Quanard 131542	Seybouse 138930
Altesse	155659	grise	1922	Pélissier 126603	Nulle 142399
Altesse	156144	grise	1922	Remords 133354	Joute 84654
Altesse	157135	grise	1922	Raynouard 133959	Sensive 137962
Altesse	157706	bai-foncé	1922	Pégoud 126957	Médée 109405
Altesse	158436	noire	1922	Pilon 127251	Kalotte 95542
Altière	156145	grise	1922	Remords 133354	Patissière 124718
Altière	158437	gris-foncé	1922	Pilon 127251	Mite 108264
Altise	156146	noire	1922	Perturbateur 125648	Castille 58689
Altise	158440	noire	1922	Konstat 95797	Parelle 127812
Altitude	156773	gris-foncé	1922	Quaduc 129371	Laurentie 100028
Altitude	158441	gris-foncé	1922	Salase 139347	Quompote 132013
Altona	157204	noire	1922	Komplex 91539	Kopieuse 91259
Altona	159451	grise	1922	Satolas 139450	Retraction 135729
Alucite	158447	gris-foncé	1922	Nichet 117897	Ogive 121932
Alude	158448	noire	1922	Salase 139347	Nattière 116813
Aluine	156156	noire	1922	Névrosé 113735	Keudi 95131
Alumine	158449	gris-foncé	1922	Soviet 138115	Provence 127388
Alumine	160020	noire	1922	Névrosé 113735	Quenouille 130984
Alunation	158450	gris-fer	1922	Nichet 117897	Eolienne 98219
Alunerie	156312	noire	1922	Remords 133354	Ribaude 134427
Alunerie	158452	gris-fer	1922	Saintesprit 138197	Rubrique 134481
Alunière	158454	noir-zain	1922	Saintesprit 138197	Providence 127391
Alunite	158455	noir-zain	1922	Salase 139347	Oligarchie 122960

NOM	N°	ROBE	Naissance	PÈRE	MÈRE
Alutacée	158457	gris-foncé	1922	Nichet 117897	Priape 127358
Alute	158456	gris fer	1922	Salase 139347	Picpoule 128311
Alvéole	156317	grise	1922	Simbleau 136949	Rocambole 134230
Alvina	155692	grise	1922	Poison 125365	Ratissure 133822
Alvine	155689	noire	1922	Sérum 136999	Nommée 112331
Alvine	156319	noir-zain	1922	Quarteron 128953	Larche 100901
Alzonne	159457	noire	1922	Numéro 118363	Moquette 111342
Amabilité	156320	grise	1922	Roussin 134466	Lourdisse 100837
Amadoueuse	158460	gris-foncé	1922	Santander 138727	Officielle 119963
Amalasonte	157376	bai-brun	1922	Sonnant 137627	Onte 121172
Amalasonte	159460	gris-foncé	1922	Polonais 125998	Othone 123540
Amalthée	159463	noire	1922	Lédon 101823	Pillerie 128339
Amance	157377	grise	1922	Sonnant 137627	Rochemaure 134632
Amance	159464	grise	1922	Polonais 125998	Pipelette 128385
Amanda	155265	grise	1922	Ramoneur 133946	Ope 119267
Amanda	155950	noire	1922	Saturnien 137115	Italie 78889
Amanda	157157	noire	1922	Raynouard 133959	Kalmia 92420
Amandaie	156321	grise	1922	Remords 133354	Polacre 125393
Amandaie	158461	gris-foncé	1922	Supérieur 137000	Safre 138190
Amande	155541	noire	1922	Souvenons 136704	Néra 111602
Amande	155889	noir-zain	1922	Fier-à-Bras 65250	Name 112392
Amande	155960	noire	1922	Saleux 139360	Pendule 125492
Amande	156322	grise	1922	Remords 133354	Ovale 119574
Amande	156752	gris-foncé	1922	Sénat 136589	Lavinie 100532
Amande	158462	gris-foncé	1922	Supérieur 137000	Néréide 116342
Amandée	156323	grise	1922	Rongetout 133602	Pimpante 125798
Amanite	156324	grise	1922	Perturbateur 125648	Pinace 125799
Amanite	158463	gris-fer	1922	Supérieur 137000	Sagesse 138191
Amante	156327	grise	1922	Séquoia 137376	Navarraise 112680
Amante	158465	gris-fer	1922	Sérum 136999	Philentrois 125023
Amarante	156329	grise	1922	Roussin 134466	Mâtine 108131
Amarante	158467	noire	1922	Sérum 136999	Guitare 71706
Amaranthe	155756	grise	1922	Qualot 131492	Simagrée 138152
Amarilize	155957	grise	1922	Pélissier 126603	Inique 79450
Amarite	155104	noire	1922	Roc 132979	Marmala 106318
Amarre	156331	grise	1922	Roussin 134466	Quausse 129891
Amarre	158468	gris-fer	1922	Sérum 136999	Rose 133882
Amaryllis	159465	grise	1922	Polonais 125998	Nivernaise 118622
Amazia	159467	gris-foncé	1922	Neigeux 112725	Quaâtume 132417
Amassette	156332	grise	1922	Sauteur 137147	Quavité 129907
Amassette	158471	gris-foncé	1922	Mercy 105783	Quatalyse 131710
Amati	159469	noire	1922	Polygone 125447	Margot 111243
Amaurose	158474	gris-foncé	1922	Seythenex 139684	Kadole 95521
Amazone	155766	grise	1922	Réclus 134371	Pallas 124408
Amazone	156333	grise	1922	Séquoia 137376	Jacmisse 83849

NOM	N°	ROBE	Naissance	PÈRE	MÈRE
Amazone	157384	grise	1922	Sauteur 137147	Nimègue 114861
Amazone	157701	noire	1922	Marocain 107904	Ninon 116278
Amazone	158475	gris-foncé	1922	Seythenex 139684	Sarrable 138753
Amazone	159472	alezane	1922	Neigeux 112725	Malvoisie 111406
Ambala	157385	grise	1922	Sauteur 137147	Sourdaude 137721
Ambassade	156334	grise	1922	Séquoia 137376	Rachel 134534
Ambassade	158476	noire	1922	Supérieur 137000	Siméone 138972
Ambe	158477	noire	1922	Supérieur 137000	Némée 116061
Ambianca	155927	grise	1922	Quaduc 129371	Mule 107035
Ambiance	156342	noire	1922	Perturbateur 125648	Riblette 134146
Ambianca	158479	gris-foncé	1922	Nichet 117897	Gachette 70461
Ambiante	158486	baie	1922	Quanard 131542	Quapsule 131201
Ambiguë	158480	gris-foncé	1922	Nichet 117897	Sablière 139319
Amble	158491	noire	1922	Radeau 134903	Ondée 121747
Amboine	157386	noire	1922	Ops 121242	Rosette 53572
Amboine	159479	gris-foncé	1922	Polygone 125447	Olive 122355
Amboise	155819	grise	1922	Qualot 131492	Périmée 125407
Amboise	157388	baie	1922	Ops 121242	Rame 135086
Ambre	155698	gris-foncé	1922	Reynal 132841	Kératite 96794
Ambrée	158492	noire	1922	Radeau 134903	Quarafe 131220
Ambréine	156348	grise	1922	Roussin 134466	Rigole 134153
Ambréine	158495	noire	1922	Quaïman 129648	Raine 134921
Ambrette	156355	grise	1922	Suceur 137935	Piloselle 125788
Ambrette	158497	noire	1922	Radeau 134903	Palissade 127533
Ambrière	157387	gris-foncé	1922	Rongetout 133602	Odalisque 120181
Ambroisie	158498	gris-fer	1922	Radeau 134903	Lèpre 104419
Ambroisie	159481	grise	1922	Soulignac 139825	Paysanne 128045
Ambrosienne	157392	grise	1922	Sénateur 138093	Gambade 71956
Ambrosienne	159480	noir-m.-t.	1922	Polygone 125447	Orange 122356
Ambulance	158499	gris-foncé	1922	Radeau 134903	Opale 121743
Ambustion	158500	gris-foncé	1922	Radeau 134903	Quaravelle 131229
Amédée	157393	noire	1922	Sénateur 138093	Harmoun 73723
Amédée	159482	grise	1922	Polygone 125447	Obtrée 123553
Amélie	157394	grise	1922	Sénateur 138093	Jargonne 88051
Amélie	159483	noire	1922	Quoiffeur 130263	Mirande 108530
Amende	155830	gris-foncé	1922	Quissac 130271	Lakrasse 99561
Amende	158501	noire	1922	Quanard 131542	Putride 127411
Amèna	157150	noire	1922	Raymouard 133959	Chanteuse 67386
Aménité	158592	noire	1922	Razia 133345	Relaxe 135422
Améole	158624	gris-fer-f.	1922	Radeau 134903	Magnificence 111105
Amère	158504	noire	1922	Quanard 131542	Massive 109845
Américaine	156366	grise	1922	Roussin 134466	Mauveine 108172
Américaine	158507	gris-foncé	1922	Radeau 134903	Kharkof 96181
Amérique	155856	gris-foncé	1922	Sérum 136999	Pitié 124671
Amérique	159485	noire	1922	Quoiffeur 130263	Nouvelle 116071

NOM	N°	ROBE	Naissance	PÈRE	MÈRE
Amertume	155702	noir-zain	1922	Sérum 136999	Nime 117241
Amertume	156363	grise	1922	Roussin 134466	Méclipse 108148
Amertume	158510	noire	1922	Quanard 131542	Nubienne 115923
Amétropie	158513	noire	1922	Quanard 131542	Religion 135428
Amette	155871	gris-foncé	1922	Pélissier 126603	Quanette 129963
Amfreville	159486	grise	1922	Polonais 125998	Ocana 123554
Amiable	158517	gris-foncé	1922	Quaïman 129648	Raflade 134869
Amiante	155342	noir-zain	1922	Saturnien 137115	Kaëlte 92166
Amiante	155752	noire	1922	Poison 125565	Gommeuse 71552
Amiante	156374	grise	1922	Sauteur 137147	Leue 100925
Amibe	158519	noire	1922	Quaïman 129648	Quarderonne 131695
Amicale	155239	noire	1922	Ramassetout 133573	Salep 136647
Amicale	156375	grise	1922	Sauteur 137147	Macta 107065
Amicale	158521	gris-fer	1922	Quaïman 129648	Meule 110493
Amide	156376	grise	1922	Roussin 134466	Journade 83724
Amide	158522	gris-foncé	1922	Quaïman 129648	Panoplie 127500
Amie	156347	noire	1922	Ornain 119960	Pannonie 124405
Amie	156802	grise	1922	Saurin 137137	L'Amie 75061
Amie	156838	grise	1922	Somerset 139183	Secrétion 138041
Amie	156846	noire	1922	Quirat 128885	Quarinthie 130773
Amie	158514	noire	1922	Quanard 131542	Lysantre 98849
Amiénoise	155939	noir-zain	1922	Poison 125565	Quardia 129999
Amilcar	155848	gris-foncé	1922	Ramoneur 133946	Quasse 130219
Amirale	158523	gris-clair	1922	Razia 133345	Gigolette 78521
Amirante	158524	noire	1922	Razia 133345	Incendiaire 83522
Amirante	159487	grise	1922	Polonais 125998	Sode 139736
Amirauté	156379	grise	1922	Sauteur 137147	Plumasserie 125924
Amirauté	157429	noire	1922	Roulans 134739	Quomine 130882
Amirauté	158525	gris-fer	1922	Razia 133345	Mascarade 109837
Amitié	156381	grise	1922	Sauteur 137147	Jouvence 96908
Amitié	157430	noire	1922	Roulans 134739	Toscane 142092
Ammonite	156382	grise	1922	Roussin 134466	Galipette 90145
Amnésie	155929	noire	1922	Ramassetout 133573	Panée 124250
Amnistie	158533	gris-foncé	1922	Juste 85878	Naffe 116746
Amonite	155765	grise	1922	Poison 125565	Nubie 112394
Amorce	156387	baie	1922	Roussin 134466	Ode 118836
Amorce	158534	gris-foncé	1922	Juste 85878	Coquette 93350
Amorphie	156388	grise	1922	Sauteur 137147	Quasseuse 129851
Amorphie	158535	gris fer-f.	1922	Odeux 121183	Métisse 110483
Amourette	155663	grise	1922	Pélissier 126603	Numa 111889
Amourette	156389	noire	1922	Séducteur 137280	Terese 114627
Amourette	156430	grise	1922	Ramassetout 133573	Kinale 90573
Amourette	156590	grise	1922	Quintanar 129225	Piade 125711
Amourette	157168	grise	1922	Remisier 133326	Karpelle 93009
Amourette	158537	noir-zain	1922	Quanard 131542	Kama 93933

NOM	N°	ROBE	Naissance	PÈRE	MÈRE
Amourette	159679	grise	1922	Selin 139862	Historienne 78384
Amoureuse	155102	grise	1922	Pouff 124218	Merveille 105830
Amphissa	157431	noire	1922	Pampelune 124878	Quoque 130938
Amphissa	159488	gris-fer	1922	Omhon 121608	Jaseuse 89000
Amphitrite	159489	grise	1922	Polygone 125447	Moldavie 111388
Amphore	156397	grise	1922	Perturbateur 125648	Quatalyse 129874
Amphore	158542	gris-foncé	1922	Quanard 131542	Nage 116748
Ample	158544	gris-foncé	1922	Lutécien 102720	Négrichonne 116882
Amplitude	158547	grise	1922	Juste 85878	Kasha 94070
Ampoule	156400	grise	1922	Ramoneur 133946	Nitrite 144651
Ampoule	157436	noire	1922	Mordicant 110698	Hélie 77878
Ampoule	158550	noire	1922	Ouleux 121183	Peslière 126755
Ampoule	159490	noire	1922	Neigeux 112725	Saire 139349
Amsterdam	157435	noire	1922	Néflier 111919	Tenson 143095
Amsterdam	159491	noir-m.-t.	1922	Omhon 121608	Soulière 139437
Amulette	155670	grise	1922	Pélissier 126603	Recherche 133787
Amulette	155979	grise	1922	Serpentin 138275	Niriby 112467
Amulette	156402	noire	1922	Souvenons 136704	Pivoine 124203
Amulette	158549	noire	1922	Quanard 131542	Lentille 102145
Amure	158551	noire	1922	Socialiste 136651	Teugue 143155
Amusante	158552	noire	1922	Juste 85878	Kaisse 95480
Amusette	156403	grise	1922	Ramassetout 133573	Rosa Bonheur 133462
Amusette	158554	gris-fer-f.	1922	Juste 85878	Mascotte 108836
Amusoire	158555	noire	1922	Ouleux 121183	Kane 90979
Amylose	156405	grise	1922	Sonnant 137627	Juxue 85074
Amylose	158558	grise	1922	Quanard 131542	Opella 121837
Anabase	157441	grise	1922	Ouleux 121183	Lisette 78519
Anabase	159492	gris-clair	1922	Polonais 125998	Ionie 81235
Anacoluthe	158560	noire	1922	Supérieur 137000	Lactoline 102548
Anacoste	156406	grise	1922	Sonnant 137627	Trineuse 140712
Anacoste	158561	noire	1922	Quanard 131542	Natalie 114487
Anacrouse	158563	gris-foncé	1922	Juste 85878	Biche 98376
Anagogie	158564	noire	9222	Quanard 131542	Silistrie 138965
Analepsie	158566	noire	1922	Quanard 131542	Messagère 110460
Analgésie	158567	noire	1922	Quanard 131542	Messéance 110462
Analogie	158568	alezan-br.	1922	Quanard 131542	Konstruction 91578
Analyse	158570	noir zain	1922	Juste 85878	Milda 108752
Ananie	157443	grise	1922	Nagy 112488	Immatricule 79136
Ananie	159493	gris-fer	1922	Polonais 125998	Thèbes 144105
Anaphore	158571	noire	1922	Juste 85878	Quintetta 131640
Anarchie	156422	grise	1922	Quaduc 129371	Rigoustine 133538
Anarchie	158579	noire	1922	Oder 121578	Sorrente 139198
Anastase	159494	grise	1922	Polonais 125998	Gastille 72153
Anastasie	155825	noire	1922	Pantin 124490	Objective 119967
Anastasie	156849	noire	1922	Quirat 128885	Maurelle 106452

NOM	N°	ROBE	Naissance	PÈRE	MÈRE
Anastasie	157444	grise	1922	Nagy 112488	Rêveuse 135138
Anastasie	158340	gris-f.-v.	1922	Polonais 125998	Martingale 111244
Anastasie	159497	gris-foncé	1922	Remonteur 134855	Poivrière 128546
Anasthase	155276	noire	1922	Roc 132979	Joie 85901
Anathème	155537	noir-zain	1922	Souvenons 136704	Pucette 125059
Anatolie	156787	noire	1922	Nyctalope 113635	Quassave 129840
Anatolie	157445	noire	1922	Nagy 112488	Hélice 93332
Anatolie	159498	grise	1922	Remonteur 134855	Kanaza 96803
Anatolie	160055	grise	1922	Marocain 107904	Nourricière 113335
Anatomie	156439	grise	1922	Saurin 137137	Mouillure 106984
Anatomie	157446	grise	1922	Nagy 112488	Géta 72349
Anatomie	158583	gris-rouan	1922	Nassau-ex-Neuilly 112606	Quinquennale 131337
Anaxagore	157447	noire	1922	Mordicant 110698	Laurelle 104050
Anaxarque	159500	noir-m.-t.	1922	Neigeux 112725	Rotule 135510
Anaximène	157448	noire	1922	Mordicant 110698	Pénélope 127123
Anaximène	159503	gris-foncé	1922	Neigeux 112725	Rivure 135909
Ancerville	157449	noire	1922	Mordicant 110698	Kouronne 94128
Ancerville	159505	baie	1922	Strasbourg 139864	Musique 110893
Ancêtre	156417	noire	1922	Nyctalope 113635	Pompette 126005
Anche	156435	noire	1922	Nyctalope 113635	Sonde 137630
Anche	158585	noire	1922	Nassau-ex-Neuilly 112606	Quincaille 131681
Anchise	155678	grise	1922	Sérum 136999	Pègre 124809
Anchise	157451	noire	1922	Ouleux 121183	Mollesse 108824
Anchise	159510	grise	1922	Strasbourg 139864	Nichée 117901
Ancienne	156438	grise	1922	Nyctalope 113635	Justice 85981
Ancienne	158587	noire	1922	Quaïman 129648	Madrure 111081
Ancienne	159511	grise	1922	Strasbourg 139864	Morsure 110749
Ancinette	158485	gris-foncé	1922	Razia 133345	Nanette 115917
Ancinne	158484	gris fer	1922	Quanard 131542	Sibérie 138948
Ancolie	158589	noire	1922	Nassau-ex-Neuilly 112606	Kama 96747
Ancona	159512	grise	1922	Spancourt 139925	Muraie 110861
Ancône	157452	noire	1922	Ouleux 121183	Numidie 115164
Ancône	159507	gris-tr.-f.	1922	Spancourt 139925	Muire 110838
Ancre	155839	noire	1922	Importun 80576	Métabole 107784
Ancre	157453	noire	1922	Magellan 106095	Morphine 108937
Ancre	158590	noir zain	1922	Radeau 134903	Rasse 135463
Ancrure	156452	grise	1922	Sonnant 137627	Picotine 125750
Ancrure	158591	noire	1922	Radeau 134903	Ornaie 121828
Ancyre	157455	noire	1922	Socialiste 136651	Letteuse 102275
Andalouse	155971	grise	1922	Saleux 139360	Lorraine 102631
Andalouse	156451	grise	1922	Sonnant 137627	Quancale 129721
Andalouse	159508	noire	1922	Strasbourg 139864	Noire 117962
Andalousie	157456	grise	1922	Socialiste 136651	Olota 121971
Ande	159515	grise	1922	Spancourt 139925	Mye 110914
Andenne	157457	grise	1922	Ouleux 121183	Joviale 86753

NOM	N°	ROBE	Naissance	PÈRE	MÈRE
Andenne	159513	grise	1922	Strasbourg 139864	Mirka 110870
Andive	155680	gris-fer	1922	Supérieur 137000	Juvénie 88658
Andocide	159517	noire	1922	Sultan 139856	Ruche 136068
Andorie	155679	alezane	1922	Reynal 132841	Invasion 78884
Andorre	157459	noire	1922	Polus 126947	Roulure 134452
Andouille	155267	grise	1922	Sans-Cœur 136540	Picturale 125741
Andouille	156837	noire	1922	Fier-à-Bras 65250	Lamaserie 100200
Andouillette	155532	bai-br. z.	1922	Fier-à-Bras 65250	Quôtelée 130588
Andouillette	156466	noir-m.-t.	1922	Pouff 124218	Rationnelle 133519
Andréa	154201	noire	1922	Souvenons 136704	Quopelle 129994
Andréa	155941	gris-fer	1922	Saturnien 137415	Riquette 133596
Andréa	156928	noire	1922	Pégoud 126957	Olvina 122641
Andréa	157397	grise	1922	Kalot 92507	Kroute 92294
Andrée	157460	noire	1922	Polus 126947	Serveuse 138612
Andrée	159518	grise	1922	Strasbourg 139864	Moyère 110828
Andria	157461	grise	1922	Polus 126947	Lutèce 102490
Andria	159522	grise	1922	Strasbourg 139864	Nickéline 117905
Andrienne	157399	gris-foncé	1922	Succédané 137925	Katalogne 91952
Andrinople	156473	noire	1922	Sonjatout 136537	Quollante 130202
Andrinople	157462	gris-clair	1922	Polus 126947	Sarah 138504
Andrinople	158925	grise	1922	Régisseur 133613	Mazarine 106159
Andrinople	159526	grise	1922	Sultan 139856	Nette 117874
Androgée	157463	grise	1922	Négligent 112708	Kaline 94757
Androgée	159528	grise	1922	Nérac 112728	Livonie 99636
Andromaque	155145	grise	1922	Quaduc 129371	Lacune 101669
Andromaque	155279	grise	1922	Sans-Cœur 136540	Tosca 140677
Andromaque	157464	noire	1922	Négligent 112708	Grivette 72982
Andromède	157400	gris-foncé	1922	Ségur 138272	Nyssia 116483
Andromède	159529	grise	1922	Nérac 112728	Piteuse 128423
Anduze	157401	gris-fer	1922	Ségur 138272	Méandrine 109920
Anduze	159531	noire	1922	Spancourt 139925	Querrie 132548
Anecdote	156479	grise	1922	Quaduc 129371	Kassine 92191
Anecdote	158931	grise	1922	Nichet 117897	Malveillance 110197
Anémie	155103	grise	1922	Pouff 124218	Mire 106327
Anémie	155729	grise	1922	Souvenons 136704	Oberone 120650
Anémique	155220	gris-foncé	1922	Souvenons 136704	Tomate 140934
Anémone	155191	noire	1922	Strongle 138148	Opérée 119257
Anémone	155818	grise	1922	Pantin 124490	Oseille 120274
Anémone	157687	noire	1922	Quinola 130134	Lisette 102491
Anerie	155359	noire	1922	Rancart 132911	Kryembill 95351
Anette	155235	gris-foncé	1922	Sage 138029	Pâquerette 56382
Anette	155826	gris-foncé	1922	Quirat 128885	Soufrière 137681
Angara	157402	noire	1922	Ségur 138272	Kermesse 96299
Angara	159532	grise	1922	Spoy 139870	Sumène 139883
Angèle	157403	noire	1922	Pilon 127251	Oeillère 121506

NOM	N°	ROBE	Naissance	PÈRE	MÈRE
Angèle	159533	grise	1922	Strasbourg 139864	Islande 96858
Angélique	155986	noire	1922	Fier-à-Bras 65250	Souplesse 66985
Angélique	156246	grise	1922	Roussin 134466	Sidérurgie 137478
Angélique	156481	gris-foncé	1922	Fier-à-Bras 65250	Peine 125052
Angélique	157404	grise	1922	Quissac 130271	Palourde 127033
Angélique	158717	grise	1922	Mercy 105783	Nèthe 117200
Angélique	159534	baie	1922	Strasbourg 139864	Jane 93535
Angellerie	156473	grise	1922	Quaduc 129371	Rodez 134658
Angelure	155983	gris-foncé	1922	Pantin 124490	Soupe 138073
Angevine	156484	alezane	1922	Perturbateur 125648	Quassante 129837
Angevine	158610	gris-fer	1922	Muet 109443	Rachidienne 134881
Angine	155180	grise	1922	Ramassetout 133573	Statuette 136378
Anglaise	156487	gris-fer	1922	Perturbateur 125648	Quonstante 130417
Anglaise	157407	gris-fer	1922	Polonais 125998	Soustelle 139851
Anglaise	158722	grise	1922	Quissac 130271	Parcelle 127805
Anglès	159535	grise	1922	Spoy 139870	Nuance 110833
Angleterre	157405	grise	1922	Relevant 133297	Rasibus 135171
Angleterre	159222	noire	1922	Quompromis 132021	Orcanète 123126
Angleuse	156489	gris-fer	1922	Perturbateur 125648	Rupicole 134518
Angleuse	158723	grise	1922	Mercy 105783	Quelonelle 131925
Anglicane	155931	grise	1922	Souvenons 136704	Orientale 120334
Anglicane	156490	gris-clair	1922	Perturbateur 125648	Tasseur 141517
Anglicane	158724	grise	1922	Mercy 105783	Héberge 77893
Anglomanie	156503	grise	1922	Suceur 137935	Rêverie 134092
Anglomanie	158725	grise	1922	Nichet 117897	Page 127624
Anglure	157410	gris-vin.	1922	Polonais 125998	Noisette 118654
Anglure	159536	noir-zain	1922	Ostabat 123735	Joconde 98554
Angoisse	156491	bai-brun	1922	Perturbateur 125648	Kraquette 90485
Angoisse	158727	gris-foncé	1922	Nichet 117897	Imitation 83059
Angola	157411	grise	1922	Polonais 125998	Pipée 128383
Angola	159539	grise	1922	Polonais 125998	Kagette 97378
Angot	159541	noire	1922	Spoy 139870	Irune 87630
Angoulême	157412	baie	1922	Négligent 112708	Image 82448
Angoulême	159544	grise	1922	Spancourt 139925	Limonade 103799
Anguilla	157413	grise	1922	Négligent 112708	Ogygie 121956
Anguilla	159547	grise	1922	Spoy 139870	Olmeta 123608
Anguille	156500	noir zain	1922	Rouleau 134450	Qloque 130139
Anguille	158728	grise	1922	Nichet 117897	Pagayeuse 127622
Angulée	156506	grise	1922	Salbry 138859	Larchage 101023
Anguleuse	156510	grise	1922	Salbry 138859	Quaudale 129885
Ani	159473	gris-foncé	1922	Neigeux 112725	Karavane 97494
Aniane	157415	noire	1922	Négligent 112708	Kabale 95445
Aniane	159548	grise	1922	Senlis 139861	Qramerie 132468
Aniche	157416	noire	1922	Ouleux 121183	Léda 102009
Aniche	159549	baie	1922	Strasbourg 139864	Limoselle 103805

NOM	N°	ROBE	Naissance	PÈRE	MÈRE
Anicroche	155962	grise	1922	Médisant 105527	Monréale 110079
Anicroche	156513	baie	1922	Rouleau 134450	Mauviette 108173
Anicroche	158734	grise	1922	Quintus 130450	Lisette 75002
Anil	156512	noire	1922	Rouleau 134450	Thélème 140472
Aniline	156515	grise	1922	Salbry 138859	Jauer 84967
Aniline	158736	grise	1922	Nichet 117897	Houlette 87725
Anille	155533	noire	1922	Polus 126947	Napillonne 113782
Anille	158738	gris-vin.	1922	Quintus 130450	Slavonie 139159
Animosité	156516	gris-clair	1922	Sarcome 136375	Kourtoisie 91365
Anis	157192	noir-zain	1922	Komplex 91539	Olivète 121209
Anise	155289	noire	1922	Souvenons 136704	Oseraie 119190
Anisette	155231	noire	1922	Souvenons 136704	Kause 91198
Anisette	155649	grise	1922	Pélissier 126603	Griotte 98266
Anisette	155853	grise	1922	Ramoneur 133946	Onyze 120716
Anisette	156429	grise	1922	Ramassetout 133573	Hécube 76839
Anisette	156517	noir-zain	1922	Perturbateur 125648	Névrose 113828
Anisette	158742	gris-vin.	1922	Mercy 105783	Renarde 135548
Anisette	159724	grise	1922	Saujon 138765	Soirée 137590
Anjevine	155696	gris-foncé	1922	Reynal 132841	Chopine 64017
Anjou	157419	noire	1922	Néflier 111919	Noireterre 116646
Anjou	159552	grise	1922	Strasbourg 139864	Survie 139891
Ankilose	155684	noir-zain	1922	Reynal 132841	Parcimonie 127806
Ankylose	156519	noir-zain	1922	Perturbateur 125648	Nikeline 113815
Anna	156151	grise	1922	Pélissier 126603	Loufoche 99145
Anna	156460	grise	1922	Qualot 131492	Nana 111877
Anna	157421	noire	1922	Kalidun 95297	Quaserne 134620
Anna	159553	noire	1922	Numéro 118563	Quadrige 132475
Annale	156520	noire	1922	Perturbateur 125648	Officielle 118856
Annale	158745	grise	1922	Nichet 117897	Quassonade 131724
Annam	157473	grise	1922	Ouleux 121183	Hachette 93333
Annamite	155644	grise	1922	Pélissier 126603	Jossette 86003
Annate	158749	gris-vin.	1922	Quintus 130450	Brillante 68205
Anne	155127	gris-foncé	1922	Ramoneur 133946	Massuette 105301
Anne	157422	bai-brun	1922	Kalidun 95297	Qualade 131435
Anne	159555	noire	1922	Ostabat 123735	Route 136030
Année	155205	gris-foncé	1922	Quaduc 129371	Qotisse 129334
Année	155968	grise	1922	Saturnien 137115	Qramoisie 130266
Année	156523	grise	1922	Perturbateur 125648	Harpe 73857
Année	158753	grise	1922	Nichet 117897	Renieuse 135564
Année	159554	noire	1922	Numéro 118563	Moustille 110817
Annemasse	157476	grise	1922	Quanard 131542	Lasserie 102089
Annemasse	159557	noire	1922	Numéro 118563	Grivette 71918
Annette	156882	noir-zain	1922	Poison 125565	Quobra 130071
Annette	157685	rouanne	1922	Senon 139596	Otero 122622
Annexe	156524	grise	1922	Perturbateur 125648	Quintessence 129177

NOM	N°	ROBE	Naissance	PÈRE	MÈRE
Annicroche	155697	gris-foncé	1922	Reynal 132841	Mate 109853
Annie	155072	gris-foncé	1922	Ramoneur 133946	Intrépidité 79216
Annonce	157479	grise	1922	Néflier 111919	Kalmie 97652
Annonciade	157477	grise	1922	Quanard 131542	Paulhe 126684
Annouette	159958	noire	1922	Nicobar 118452	Ravenelle 136284
Annuelle	156527	noire	1922	Sébastopol 137245	Nicotine 113805
Annuelle	158755	grise	1922	Mercy 105783	Renflée 135362
Annuité	158757	grise	1922	Quempromis 132021	Osmanville 122709
Anodine	156461	gris-fer	1922	Qualot 131492	Pélerine 125328
Anomalie	156533	baie	1922	Ornain 119960	Minutie 107883
Anomie	156535	noir-zain	1922	Ornain 119960	Plante 126387
Anse	155805	gris foncé	1922	Supérieur 137000	Noise 115822
Anse	157481	noir-m.-t.	1922	Juste 85878	Nampeelle 145198
Anse	158764	gris-foncé	1922	Régisseur 133613	Maie 107561
Anse	159558	noire	1922	Lédon 101823	Jugeotte 88987
Anséatique	155536	gris-fer	1922	Ramassetout 133573	Rachitique 133568
Ansegise	157482	gris-foncé	1922	Kalidun 95297	Mironne 108822
Anségisse	159559	gris-t.-cl.	1922	Sans-Souci 139958	Josabeth 98557
Anseline	155271	gris-foncé	1922	Ramoneur 133946	Quatalane 129870
Anselme	159560	grise	1922	Spancourt 139925	Quoséquence 132148
Ante	156539	bai-br.-f.	1922	Sébastopol 137245	Lacouprie 101244
Antée	155293	grise	1922	Ramoneur 133946	Hachette 73610
Antée	159562	grise	1922	Ostabat 123735	Muqueuse 110856
Antéfixe	156541	noire	1922	Sébastopol 137245	Quàpre 129759
Antéfixe	158768	gris-foncé	1922	Quasson 131729	Tapesique 140900
Antène	155666	grise	1922	Pélissier 126603	Oursine 120576
Antenne	156544	grise	1922	Perturbateur 125648	Rosette 135229
Antenne	158770	grise	1922	Quasson 131729	Manutention 140278
Antérieure	156545	noire	1922	Perturbateur 125648	Occase 118792
Anthère	158773	grise	1922	Régisseur 133613	Labiée 102537
Anthèse	156551	noire	1922	Quaillou 129642	Noire 114779
Anthèse	158774	grise	1922	Quasson 131729	Rénitence 135570
Anthinea	156509	noire	1922	Rouleau 134450	Gaminerie 70695
Anthinéa	158601	gris-rouan	1922	Nassau-ex Neuilly 112606	Radiation 134911
Anthologie	157486	grise	1922	Négligent 112708	Nécrobie 114060
Anthologie	158776	gris-foncé	1922	Quasson 131729	Soria 139194
Antibe	155651	grise	1922	Pélissier 126603	Salda 136712
Antibes	159563	grise	1922	Ostabat 123735	Kalmie 97573
Anticipée	156552	noire	1922	Sébastopol 137245	Parénèse 124508
Anticipée	158779	grise	1922	Quasson 131729	Ouarville 122728
Antidate	158780	grise	1922	Médisant 105527	Romane 135058
Antidote	158782	grise	1922	Régisseur 133613	Zorka 57410
Antienne	155704	noire	1922	Sérum 136999	Galliéra 70270
Antienne	158783	gris-clair	1922	Régisseur 133613	Micronésie 106040
Antigoa	159566	grise	1922	Strasbourg 139864	Mucosité 110835

NOM	N°	ROBE	Naissance	PÈRE	MÈRE
Antigone	157487	grise	1922	Ouleux 121183	Epatée 57395
Antigone	159564	grise	1922	Strasbourg 139864	Plane 128450
Antille	155964	grise	1922	Régisseur 133613	Hevée 77717
Antille	156420	grise	1922	Quaduc 129371	Nièvre 114857
Antille	157491	noire	1922	Juste 85878	Lécluse 102138
Antilogie	156554	grise	1922	Sarcome 136375	Nigaude 113865
Antilogie	158784	grise	1922	Régisseur 133613	Kourtilière 95902
Antilope	156470	grise	1922	Quaduc 129371	Ortige 119105
Antilope	158785	gris-foncé	1922	Quasson 131729	Palière 127669
Antimoniate	158786	grise	1922	Quasson 131729	Orcière 123438
Antinoë	156469	grise	1922	Quaduc 129371	Palmée 124321
Antinomie	158788	grise	1922	Quasson 131729	Némée 117185
Antioche	155940	grise	1922	Saturnien 137115	Révolte 133837
Antioche	159565	grise	1922	Nérac 112728	Ios 82653
Antiope	157495	noire	1922	Nagy 112488	Lasse 102088
Antiope	159568	grise	1922	Spoy 139870	Kannebière 96463
Antipathie	158789	grise	1922	Quasson 131729	Phénicienne 128270
Antiphane	159569	grise	1922	Nérac 112728	Mycose 110913
Antiphile	159571	grise	1922	Spoy 139870	Kalèche 97395
Antiphrase	158790	gris-foncé	1922	Nichet 117897	Nique 114986
Antique	158791	grise	1922	Soissonnais 139160	Tablette 140911
Antiquité	158794	grise	1922	Nichet 117897	Givette 72080
Antisociale	158795	grise	1922	Rêvasseur 135749	Quanzonette 131172
Antistrophe	158796	gris-foncé	1922	Quasson 131729	Oye 122763
Antithèse	158797	grise	1922	Quasson 131729	Levantine 101867
Antitoxine	158798	grise	1922	Sage 138029	Sparte 138241
Antoneile	157497	noir zain	1922	Ouleux 121183	Cocotte 84450
Antonelle	159572	grise	1922	Spancourt 139925	Rubiconde 136055
Antonia	155795	gris-foncé	1922	Reynal 132844	Coquette 67608
Antonine	155807	noir-zain	1922	Sowiet 138115	Ouida 120751
Antonine	157498	noire	1922	Ouleux 121183	Ica 82420
Antonine	159573	grise	1922	Spancourt 139925	Sablerie 139904
Antonomase	156563	grise	1922	Séquoia 137376	Quapucine 129492
Anurie	156564	grise	1922	Séquoia 137376	Gambie 69431
Anurie	158802	grise	1922	Romand 135963	Oze 122769
Anville	157501	noire	1922	Ouleux 121183	Hémiopie 75428
Anville	159575	grise	1922	Spoy 139870	Olette 123587
Anxiété	156565	noire	1922	Sénat 136589	Sienne 137455
Anxiété	158804	gris-vin.	1922	Nichet 117897	Qlarine 131797
Anxieuse	158803	noir-zain	1922	Saturnien 137115	Quaze 130223
Anyère	155779	noire	1922	Poison 125565	Rustique 54131
Aorte	155172	gris-foncé	1922	Sonnant 137627	Quilimane 129208
Aorte	156568	grise	1922	Perturbateur 125648	Occellation 118808
Aorte	158807	grise	1922	Mercy 105783	Oursine 121529
Aoste	157502	noire	1922	Nagy 112488	Moitié 108792

NOM	N°	ROBE	Naissance	PÈRE	MÈRE
Aoste	159577	noire	1922	Spoy 139870	Multitude 110854
Aouadane	158933	grise	1922	Quadue 129371	Rincée 134160
Apalachine	156569	grise	1922	Roussin 134466	Octandrie 118813
Apathie	156571	grise	1922	Roussin 134466	Quaque 129493
Apathie	158808	noir-rub.	1922	Sowiet 138115	Qlarté 131801
Apelle	157303	grise	1922	Nagy 112488	Hulotte 75776
Apelle	159578	noir-zain	1922	Strasbourg 139864	None 117986
Apelote	157204	grise	1922	Komplex 91539	Herbière 78053
Apepsie	156572	grise	1922	Sébastopol 137245	Libourne 100989
Apertise	158812	gris-clair	1922	Quintus 130450	Spezia 139223
Apétalie	156576	grise	1922	Simbleau 136949	Paroisse 124561
Apétalie	158815	grise	1922	Nichet 117897	Nullité 117107
Aphasie	156578	gris-rouan	1922	Roussin 134466	Saxonne 137169
Aphasie	158817	gris-foncé	1922	Salase 139347	Lequèle 102619
Aphélie	156579	grise	1922	Roussin 134466	Saxe 137168
Aphrodite	157504	noir-zain	1922	Ouleux 121183	Péage 126688
Aphteuse	158818	gris-foncé	1922	Reynal 132841	Kacahuète 95509
Api	157183	noir-zain	1922	Raynouard 133959	Longueville 98802
Apiculture	156585	noire	1922	Soupirail 137701	Halurgie 73615
Apiculture	158819	grise	1922	Supérieur 137000	Reposée 135613
Aplanétique	156586	grise	1922	Quintanar 129223	Hugotte 74499
Aplaneuse	156587	noire	1922	Sébastopol 137245	Lampyre 100225
Aplaneuse	158820	grise	1922	Régisseur 133613	Obscuration 122801
Apocalypse	156233	noire	1922	Perturbateur 125648	Sausse 137141
Apocope	156589	grise	1922	Perturbateur 125648	Phonolithe 125707
Apocope	158822	gris-foncé	1922	Régisseur 133613	Panabase 127706
Apodie	158823	grise	1922	Régisseur 133613	Qliente 131820
Apodose	158824	gris-foncé	1922	Régisseur 133613	Michée 108499
Apogée	158825	gris-clair	1922	Régisseur 133613	Kassonade 94902
Apolline	157307	grise	1922	Socialiste 136651	Nora 112250
Apolline	159580	grise	1922	Sélin 139862	Orange 123638
Apollonia	157308	grise	1922	Socialiste 136651	Recherche 134364
Apologie	158827	grise	1922	Reynal 132841	Obsession 122811
Aponévrose	156839	gris-foncé	1922	Somerset 139183	Quolique 128863
Apophyse	156595	grise	1922	Sénat 136589	Radegonde 134541
Apoplexie	158829	grise	1922	Reynal 132841	Roche 134644
Apostasie	158830	gris-foncé	1922	Régisseur 133613	Bichette 68258
Apostate	156234	noire	1922	Perturbateur 125648	Quarrure 129805
Apostille	158832	grise	1922	Régisseur 133613	Joyeuse 87157
Apostrophe	158831	gris-l-vin.	1922	Reynal 132841	Tombola 143448
Apothéose	158833	noir-rub.	1922	Mercy 105783	Rémoulade 135534
Apparence	156602	noire	1922	Simbleau 136949	Nécrologie 111817
Apparence	158834	gris-clair	1922	Mercy 105783	Qlisse 131828
Appétence	156603	noire	1922	Simbleau 136949	Phase 125691
Appétition	156608	noire	1922	Soupirail 137701	Lamotte 101172

NOM	N°	ROBE	Naissance	PÈRE	MÈRE
Applique	156609	grise	1922	Rongetout 133602	Passerinette 124624
Appollinaire	155145	noire	1922	Sans-Cœur 136540	Maxée 106339
Apposition	156610	grise	1922	Séquoia 137376	Trépointe 141758
Apprentie	156611	grise	1922	Rongetout 133602	Porte 126070
Approche	156612	grise	1922	Rongetout 133602	Quinoléine 129168
Approche	158835	grise	1922	Pilon 127251	Oloche 131830
Apreté	156613	alezane	1922	Rongetout 133602	Quambuse 129447
Apside	158836	alezan-a.	1922	Pilon 127251	Numératrice 117108
Aptitude	158838	noire	1922	Supérieur 137000	Oktavie 120461
Apulée	157509	noire	1922	Socialiste 136651	Ninette 112249
Apulée	159581	noire	1922	Senlis 139861	Rubiette 136061
Apulie	157511	noire	1922	Ouleux 121183	Pègue 126697
Apulie	159586	noire	1922	Nérac 112728	Kalomnie 92752
Apyrexie	158839	noire	1922	Supérieur 137000	Oléosa 120460
Aqua	155275	noire	1922	Ramoneur 133946	Novale 112356
Aquarelle	155895	gris-foncé	1922	Pantin 124490	Tanne 141052
Aquarelle	156620	grise	1922	Pampelune 124878	Roupille 134009
Aquarelle	158840	grise	1922	Romand 135963	Henriette 81598
Aquatile	156619	noir-zain	1922	Rancart 132911	Pulsative 126839
Aquatile	158841	grise	1922	Régisseur 133613	Notariale 117044
Aquatique	157167	gris-foncé	1922	Remisier 133326	Lie 98743
Aquerette	156887	noire	1922	Receveur 133074	Solitude 137606
Aqueuse	158845	gris-clair	1922	Médisant 105527	Quombrière 131970
Aquifère	158846	grise	1922	Romand 135963	Lychnide 102748
Aquila	157510	grise	1922	Socialiste 136651	Mouche 108966
Aquila	159587	grise	1922	Nérac 112728	Ingénue 82805
Aquilée	157512	noire	1922	Ouleux 121183	Coquette 78511
Aquilée	159589	gris-f.-r.	1922	Strasbourg 139864	Berthe 93299
Aquiline	156623	noire	1922	Remisier 133326	Talonnette 140261
Aquiline	158848	bai-brun	1922	Médisant 105527	Jacquette 84559
Aquitaine	157514	gris-foncé	1922	Juste 85878	Retourne 135726
Aquitaine	159591	grise	1922	Nérac 112728	Nominative 117980
Aquosité	156624	grise	1922	Remisier 133326	Poterie 124748
Aquosité	158849	gris-foncé	1922	Quasson 131729	Rescription 135639
Araba	156825	noire	1922	Poison 125565	Perlière 125026
Araba	158844	grise	1922	Romand 135963	Précieuse 68100
Arabie	156626	noire	1922	Ouistreham 120076	Silencieuse 138424
Arabie	157515	grise	1922	Juste 85878	Révolte 136264
Arabie	158842	grise	1922	Régisseur 133613	Sosigène 139201
Arabie	159592	grise	1922	Nérac 112728	Nérite 117865
Arabie	160057	noire	1922	Polus 126947	Nannette 113329
Arachide	156627	grise	1922	Ouistreham 120076	Kabanage 92433
Arachide	158853	grise	1922	Mercy 105783	Parotide 128675
Arachné	157516	gris-foncé	1922	Ouleux 121183	Quémardeur 132509
Aragne	156628	noire	1922	Ouistreham 120076	Kraiona 91620

NOM	Nᴬ	ROBE	Naissance	PÈRE	MÈRE
Aragne	158854	grise	1922	Quintus 130450	Paillasse 127637
Aragonaise	155985	gris-fer	1922	Pantin 124490	Miellée 106542
Aragone	157519	grise	1922	Ouleux 121183	Polka 126388
Aragonite	156631	bai-br.-f.	1922	Kalot 92507	Nine 116406
Aragonite	158855	grise	1922	Loris 100377	Manne 110253
Aragonite	158861	grise	1922	Nichet 117897	Païenne 127632
Araignée	155269	grise	1922	Nyctalope 113635	Pipette 124755
Araignée	156633	noire	1922	Roulans 134739	Luna 103264
Araignée	156856	gris-foncé	1922	Fier-à-Bras 65250	Malgache 105888
Araignée	156883	noir-zain	1922	Somerset 139183	Tavaïole 140501
Araignée	158856	gris-foncé	1922	Quasson 131729	Quoca 131854
Arale	157527	bai-marr.	1922	Négligent 112708	Moderne 107129
Aramisse	157170	grise	1922	Remisier 133326	Hermione 98167
Aranéole	156634	noire	1922	Lichas 98731	Quèvreville 128878
Aranéole	158857	grise	1922	Quasson 131729	Laplume 102860
Arantelle	156635	noire	1922	Lichas 98731	Obtention 120132
Arapile	157528	grise	1922	Nitrate 111699	Quange 131559
Araucanie	157530	grise	1922	Ouleux 121183	Lasouche 101629
Araucanie	159594	grise	1922	Nérac 112728	Loterie 102634
Araxe	157529	gris-foncé	1922	Ouleux 121183	Pelote 73390
Araxe	159593	grise	1922	Nérac 112728	Littorine 103883
Arba	156498	noire	1922	Sarcome 136373	Mouvette 107876
Arbace	157532	noire	1922	Polus 126947	Sablatine 136411
Arbace	159595	grise	1922	Sidi 139858	Osmonville 123717
Arbalète	156636	gris-clair	1922	Succédané 137925	Manchette 107672
Arbelle	157534	grise	1922	Nitrate 111699	Joule 93369
Arbelle	159599	grise	1922	Spancourt 139925	Pliante 128481
Arbitrale	156637	noire	1922	Succédané 137925	Kerbéla 89738
Arbouse	156638	noire	1922	Sénateur 138093	Lactate 101662
Arbouse	158872	gris-foncé	1922	Salase 139347	Kongrue 95778
Arbresle	157535	noire	1922	Nitrate 111699	Kabyline 94124
Arbresle	159601	grise	1922	Strasbourg 139864	Marmotte 111401
Arcade	156164	noire	1922	Rongetout 133602	Larive 100905
Arcade	158873	grise	1922	Seythenex 139684	Tortue 143503
Arcadie	155292	grise	1922	Ramoneur 133946	Prunelle 124227
Arcadie	155725	gris-foncé	1922	Sage 138029	Jouvence 86006
Arcadie	155888	noire	1922	Fier-à-Bras 65250	Noggie 112390
Arcadie	156100	grise	1922	Quirat 128885	Névrite 111831
Arcadie	157538	grise	1922	Nitrate 111699	Karpathe 94123
Arcadie	159603	grise	1922	Spancourt 139925	Tosca 144221
Arcanne	158875	grise	1922	Quompromis 132021	Trompeuse 68027
Arcasse	156165	grise	1922	Rongetout 133602	Orobe 119325
Arcature	158878	noire	1922	Koch-ex-Kourlis 95894	Palustre 127701
Arcenciel	156437	noire	1922	Simbleau 136949	Pépette 125180
Archage	156505	grise	1922	Salbry 138859	Scorpène 136915

NOM	N°	ROBE	Naissance	PÈRE	MÈRE
Arche	156169	noire	1922	Pégoud 126957	Orangette 119380
Arche	158877	gris-vin.	1922	Nichet 117897	Octogonale 122880
Archée	156170	gris-vin.	1922	Névrosé 113735	Rainette 135059
Archée	158879	bai-cerise	1922	Quintus 130450	Aklarine 57159
Archère	156174	grise	1922	Saponacé 137099	Roquevaire 134700
Archère	158884	grise	1922	Salase 139347	Mye 109526
Archiduc	156173	noire	1922	Moineau 106576	Gaza 72611
Archière	158881	gris-vin.	1922	Seythenex 139684	Rillon 135853
Archiloque	157541	gris-rouan	1922	Jupiter 88668	Konjugal 93983
Archine	156647	grise	1922	Roc 132979	Silva 136674
Archine	158888	grise	1922	Salase 139347	Javanaise 89097
Archinoire	156840	noir-zain	1922	Somerset 139183	Héléna 76819
Archipompe	156648	grise	1922	Roc 132979	Quinola 129309
Architrave	158890	grise	1922	Mercy 105783	Resserre 135674
Archive	158891	noir-m.-t.	1922	Médisant 105527	Phase 128267
Archives	156650	grise	1922	Roc 132979	Korniche 89834
Archivolte	156651	noire	1922	Roc 132979	Piocheuse 125830
Archonte	159604	noire	1922	Spancourt 139925	Tortosa 144220
Arcola	157543	grise	1922	Magellan 106095	Loquace 101404
Arcole	159606	grise	1922	Spancourt 139925	Kalvitie 97409
Arcote	157546	grise	1922	Crédit 130005	Nisette 115037
Arcotte	156499	grise	1922	Sarcome 136375	Quarafe 129502
Arctique	157547	noire	1922	Crédit 130005	Nymphe 115026
Arctique	158893	noir-m.-t.	1922	Médisant 105527	Nielle 117229
Arctique	159608	noire	1922	Strasbourg 139864	Quadrille 132477
Arcure	156657	grise	1922	Sajas 139345	Simplesse 137511
Arcure	158895	bai-m.-z.	1922	Médisant 105527	Iglau 83210
Arde	157553	grise	1922	Magellan 106095	Néerlande 115055
Arde	159615	noire	1922	Lédon 101823	Question 132536
Ardèche	157548	noire	1922	Socialiste 136651	Taupe 143008
Ardèche	159609	noire	1922	Strasbourg 139864	Fleurette 48200
Ardée	157549	noire	1922	Socialiste 136651	Novelle 114910
Ardée	159611	grise	1922	Lédon 101823	Oëlleville 123562
Ardennaise	159613	grise	1922	Lédon 101823	Rythmique 136127
Ardenne	155671	noire	1922	Pélissier 126603	Ravie 133509
Ardenne	157550	baie	1922	Magellan 106095	Lisse 102214
Ardenne	159612	noire	1922	Lédon 101823	Quarantaine 132640
Ardente	155664	grise	1922	Reynal 132841	Mandoline 105325
Ardente	156615	grise	1922	Pantin 124490	Qulée 128927
Ardente	156659	gris-foncé	1922	Sajas 139345	Quorvée 129388
Ardente	158896	noire	1922	Soissonnais 139160	Phalangine 128264
Ardente	159614	grise	1922	Lédon 101823	Naïve 118226
Ardeur	158903	grise	1922	Soviet 138115	Noire 117263
Ardie	156337	grise	1922	Sauteur 137147	Olympie 119724
Ardoise	156661	grise	1922	Ramoneur 133946	Nattière 114659

NOM	N°	ROBE	Naissance	PÈRE	MÈRE
Ardoise	158905	noir-zain	1922	Pilon 127251	Quolère 131899
Ardoiseuse	156663	gris-foncé	1922	Ramoneur 133946	Sincérité 137519
Ardoisière	156662	grise	1922	Ramoneur 133946	Rigoletta 133770
Ardoisière	158906	gris-foncé	1922	Reynal 132841	Pagerie 127813
Ardonnière	155419	noire	1922	Receveur 133074	Givette 69963
Arénacée	158907	noire	1922	Supérieur 137000	Perplexe 125303
Arénation	158909	noir-zain	1922	Singan 139140	Mouvette 57460
Arène	155955	gris-fer	1922	Sabarat 139316	Perspective 125456
Arène	156664	gris-clair	1922	Ramoneur 133946	Farine 68498
Arène	158910	noire	1922	Saper 138736	Remole 134858
Arène	159619	grise	1922	Strasbourg 139864	Quiète 132546
Aréneuse	156665	grise	1922	Ramoneur 133946	Mignardise 107831
Aréneuse	158911	noire	1922	Pilon 127251	Pelta 124894
Arénicole	156666	gris-foncé	1922	Ramoneur 133946	Quinette 129596
Arénifère	156667	noire	1922	Saissac 139342	Livie 101560
Arénuleuse	156668	grise	1922	Saissac 139342	Platenre 125866
Aréolation	156670	gris-clair	1922	Ramoneur 133946	Sise 137539
Aréole	155956	noire	1922	Sabarat 139316	Quelique 128965
Aréole	156673	noir-zain	1922	Saissac 139342	Meulerie 107799
Aréole	158914	grise	1922	Supérieur 137000	Orivale 122678
Aréométrie	156674	grise	1922	Sajas 139345	Navigation 114686
Arequipa	159626	noire	1922	Strasbourg 139864	Marnière 111093
Arès	159624	grise	1922	Spancourt 139923	Lionne 103834
Arête	155148	gris-foncé	1922	Quaduc 129371	Poupoule 125080
Arête	156675	grise	1922	Sajas 139345	Pipe 125831
Arétée	157559	noire	1922	Sumac 137972	Quadmécenne 131376
Arétée	159622	grise	1922	Strasbourg 139864	Isère 82694
Aréthuse	157560	grise	1922	Magellan 106095	Parade 126663
Aréthuse	159623	noire	1922	Nérac 112728	Rude 136072
Argentée	156676	grise	1922	Sajas 139345	Naville 114689
Argentée	158916	noir-m.-t.	1922	Pilon 127251	Recette 135273
Argenterie	156677	grise	1922	Sajas 139345	Quanillée 130256
Argenteuse	156678	grise	1922	Remords 133354	Gracieuse 84532
Argentière	157561	noire	1922	Socialiste 136651	Nielle 117911
Argentière	159627	grise	1922	Spoy 139870	Lataille 103372
Argentine	155973	gris-foncé	1922	Fier-à-Bras 65250	Oyante 119612
Argentine	156679	gris-foncé	1922	Remords 133354	Souris 137089
Argentine	157562	noire	1922	Socialiste 136651	Olona 124970
Argentine	157579	grise	1922	Socialiste 136651	Quolocase 131919
Argentine	158917	grise	1922	Quintus 130450	Jacobine 88830
Argentine	159628	grise	1922	Ostabat 123735	Ophidienne 119026
Argenture	156681	gris-foncé	1922	Remords 133354	Rétraction 135706
Argenture	158935	grise	1922	Roc 132979	Pipeuse 125839
Argienne	156683	gris-foncé	1922	Remords 133354	Norma 117277
Argienne	158918	gris-vin.	1922	Nichet 117897	

NOM	N°	ROBE	Naissance	PÈRE	MÈRE
Argilacée	158934	noir-m.t.z	1922	Roc 132979	Puce 125113
Argile	158922	grise	1922	Roc 132979	Salique 136902
Argileuse	156688	noire	1922	Remords 133354	Planure 125857
Argileuse	158923	grise	1922	Roc 132979	Odekologne 120355
Argine	157672	noire	1922	Senon 139596	Mascotte 109099
Argine	157675	grise	1922	Sion 139143	Kydia 94604
Arginuse	157563	grise	1922	Socialiste 136651	Lamarque 102025
Arginuse	159630	grise	1922	Strasbourg 139864	Quarteronne 132367
Argolide	157564	noire	1922	Socialiste 136651	Gentille 78458
Argolide	159632	noire	1922	Sans-Souci 139958	Quadrature 132469
Argonne	155259	grise	1922	Ramoneur 133946	Racle 133922
Argonne	156642	noire	1922	Ornain 119960	Ninon 115384
Argonne	157565	noire	1922	Socialiste 136651	Cascade 78500
Argonne	159634	noire	1922	Impérator 83461	Mouvette 110732
Argovie	157566	noire	1922	Socialiste 136651	Régale 134380
Argovie	159636	grise	1922	Senlis 139861	Némie 118526
Argue	156689	grise	1922	Remords 133354	Quode 129094
Argue	158941	gris-foncé	1922	Romand 135963	Orographie 123195
Argueuse	156691	grise	1922	Nyctalope 113635	Jaumière 85107
Argutie	155718	grise	1922	Sage 138029	Truffe 140372
Argutie	156693	grise	1922	Simbleau 136949	Quistine 129073
Argutie	158943	grise	1922	Médisant 105527	Natale 117164
Argyronète	156694	grise	1922	Remords 133354	Omission 119081
Argyronète	158946	grise	1922	Rêvasseur 135749	Ondée 123035
Ariane	157568	noire	1922	Socialiste 136651	Liberia 104564
Ariane	158329	noire	1922	Pégoud 126957	Oriflamme 122642
Ariane	159637	grise	1922	Senlis 139861	Saine 139941
Ariane	159656	noire	1922	Strasbourg 139864	Muscarine 110876
Ariane	159695	grise	1922	Nénuphar 117675	Reize 133957
Arica	159639	grise	1922	Senlis 139861	Pluvieuse 128511
Aricie	155143	gris-foncé	1922	Regrattier 132261	Mosaïque 106944
Aricie	157571	noir-m.-t.	1922	Socialiste 136651	Nyssia 115178
Aricie	159641	grise	1922	Strasbourg 139864	Liure 99195
Aride	156697	grise	1922	Salbry 138859	Négatoire 114719
Aride	158947	grise	1922	Romand 135963	Quolonne 131875
Aridité	156699	grise	1922	Sajas 139345	Saripette 138264
Aridité	158949	grise	1922	Saturnien 137115	Mouche 64976
Ariège	155254	grise	1922	Souvenons 136704	Moniche 105327
Ariège	157574	noire	1922	Socialiste 136651	Novice 112218
Ariège	159645	grise	1922	Sans-Souci 139958	Moie 110823
Ariégeoise	155938	grise	1922	Poison 125565	Patsèche 125332
Arienne	158952	gris-foncé	1922	Romand 135963	Nichette 117294
Ariette	155713	noire	1922	Sage 138029	Odensée 120629
Ariette	156138	noire	1922	Nyctalope 113635	Quonjointe 130390
Ariette	156881	noire	1922	Succédané 137925	Lucrèce 98820

NOM	N°	ROBE	Naissance	PÈRE	MÈRE
Ariette	158953	grise	1922	Sarzeau 139443	Hièble 77712
Arille	158955	grise	1922	Sabot 137038	Kabaulie 97254
Arimathie	159647	noire	1922	Sidi 139858	Jumet 84033
Arioste	157576	noire	1922	Juste 85878	Noyade 112221
Ariosta	159648	grise	1922	Sans-Souci 139958	Kapeline 97463
Aristée	157577	noire	1922	Juste 85878	Gentille 57534
Aristée	159649	grise	1922	Sans-Souci 139958	Rune 136100
Aristobule	159650	grise	1922	Sélin 139862	Navicule 116838
Aristocrate	155699	noire	1922	Sérum 136999	Noutefam 112347
Aristocrate	156761	noir-m.-t.	1922	Quirat 128885	Rêveuse 57943
Aristoloche	158956	gris-foncé	1922	Saturnien 137115	Suze 138248
Aristomène	159651	grise	1922	Nérac 112728	Nestorienne 117875
Aristote	155159	gris-foncé	1922	Sonnant 137627	Madeline 105660
Ariviste	155261	gris-foncé	1922	Ramoneur 133946	Harche 76710
Arizona	157581	noire	1922	Juste 85878	Héroïne 73440
Arizona	159653	grise	1922	Sans-Souci 139958	Muabilité 110832
Arlequine	156114	noire	1922	Clément 129934	Houssine 73910
Arles	157582	noire	1922	Juste 85878	Palme 126647
Arles	159654	noire	1922	Sans-Souci 139958	Poilue 128523
Arlésienne	155893	gris-foncé	1922	Poison 125565	Pegmatite 124810
Arlésienne	157584	grise	1922	Nagy 112488	Limeuse 103196
Arlésienne	159655	noire	1922	Senlis 139861	Italie 96993
Arlète	157610	grise	1922	Polus 126947	Kita 95420
Arlète	157683	noire	1922	Quinola 130134	Mazurka 109034
Arlette	155079	grise	1922	Ramassetout 133573	Praline 125087
Arlette	155473	noire	1922	Ouistreham 120076	Nickléine 114383
Arlette	155549	noire	1922	Poison 125565	Résine 133974
Arlette	155665	noire	1922	Pélissier 126603	Odyssée 120581
Arlette	155734	grise	1922	Serpentin 138275	Raquette 133860
Arlette	155773	bai-chât.	1922	Poison 125565	Kadijatte 92244
Arlette	156125	noire	1922	Komplex 91539	Radiale 134853
Arlette	156803	gris-foncé	1922	Saurin 137137	Panarde 124347
Arlette	156845	gris-foncé	1922	Quirat 128885	Prime 126285
Arlette	156906	noire	1922	Souvenons 136704	Ralliée 133571
Arlette	157188	grise	1922	Komplex 91539	Minerve 107862
Arlette	157677	gris-foncé	1922	Simbleau 136949	Sangle 136491
Arlette	159583	grise	1922	Strasbourg 139864	Mazurke 110741
Arlette	159674	grise	1922	Sélin 139862	Moissonneuse 108617
Arlette	160030	noire	1922	Polus 126947	Quiricale 129658
Arlette	160051	grise	1922	Polus 126947	Midinette 109224
Arline	157674	noire	1922	Sion 139143	Palmera 126648
Armada	157583	grise	1922	Juste 85878	Radieuse 135159
Armada	159658	noire	1922	Sans-Souci 139958	Nausée 114672
Armadille	156705	grise	1922	Sajas 139345	Hative 77302
Armadille	158961	grise	1922	Romand 135963	

NOM	N°	ROBE	Naissance	PÈRE	MÈRE
Armatole	157585	grise	1922	Ouleux 121183	Monfette 108780
Armatole	159659	grise	1922	Sélin 139862	Quartzeuse 132507
Armature	156706	noire	1922	Saissac 139342	Glisseuse 74984
Arme	156707	grise	1922	Saissac 139342	Tassette 140314
Armée	155107	gris-foncé	1922	Sonnant 137627	Saga 136525
Armée	155206	grise	1922	Ramassetout 133573	Oyée 120007
Armée	155675	gris-foncé	1922	Poison 125565	Onze 120717
Armée	156708	noire	1922	Saissac 139342	Rule 133944
Armeline	156710	grise	1922	Remords 133354	Platée 125865
Armeline	158966	gris-l-vin.	1922	Romand 135963	Laurinée 101796
Armelle	155246	grise	1922	Souvenons 136704	Négresse 113698
Arménie	155131	grise	1922	Saturnien 137115	Qoruberte 129274
Arménie	157586	noire	1922	Ouleux 121183	La Vallée 63175
Arménie	159660	grise	1922	Sélin 139862	Poignée 128521
Arménienne	156711	gris-clair	1922	Remords 133354	Incas 80468
Armenteuse	156712	noire	1922	Remords 133354	Socinienne 137560
Armentière	157587	noire	1922	Qrédit 130005	Noce 115117
Armentières	159661	grise	1922	Sans-Souci 139958	Rubanée 136045
Armeria	157588	grise	1922	Qrédit 130005	Létia 102160
Armeria	159662	noire	1922	Sidi 139858	Mortaise 110752
Armide	155168	gris-foncé	1922	Quaduc 129371	Naucelle 114607
Armide	157589	gris-foncé	1922	Qrédit 130005	Kocyte 94059
Armide	159663	grise	1922	Sélin 139862	Rupicole 136105
Armille	156714	gris-foncé	1922	Remords 133354	Sociologie 137564
Armoire	156715	noire	1922	Remords 133354	Janicule 86150
Armoirie	155683	gris-foncé	1922	Reynal 132841	Analyse 62707
Armoirie	156716	gris-vin.	1922	Remords 133354	Quoucrête 130362
Armoise	156717	noir-zain	1922	Roc 132979	Suzon 67301
Armoise	158973	grise	1922	Remonteur 134855	Quouronne 132386
Armoiseuse	156718	noir zain	1922	Roc 132979	Polkeuse 125631
Armoricaine	156723	grise	1922	Roc 132979	Quondition 130366
Armorique	157590	gris-rouan	1922	Qrédit 130005	Gentille 84524
Armorique	159664	grise	9222	Sélin 139862	Pitrerie 128425
Armure	155183	grise	1922	Sonnant 137627	Sandre 136443
Armure	156726	grise	1922	Roc 132979	Opprimée 119347
Armure	158975	noire	1922	Sabot 137038	Pinte 128379
Arnaude	156413	noire	1922	Perturbateur 125648	Race 133488
Arnaude	157591	grise	1922	Qrédit 130005	Mignonne 84525
Arnaude	159666	grise	1922	Sans-Souci 139958	Nièce 117910
Arnica	155858	noire	1922	Reynal 132841	Parme 125467
Arnica	156243	grise	1922	Quaduc 129371	Serge 137397
Arnica	156729	gris-foncé	1922	Roc 132979	Nécrologie 111751
Arnica	157702	noir-zain	1922	Sion 139143	Kératite 94620
Arnique	158976	gris-bleu	1922	Sabot 137038	Terre 144090
Arnobe	157593	grise	1922	Magellan 106095	Taude 143005

NOM	N°	ROBE	Naissance	PÈRE	MÈRE
Arnobe	159668	grise	1922	Sans-Souci 139958	Jambe 89080
Arobe	156730	gris-clair	1922	Roc 132979	Lucerne 101303
Arobe	158977	grise	1922	Josué 88841	Lanterne 104307
Aronde	156917	noir-zain	1922	Ostabat 125735	Livourne 99637
Aronde	158978	noire	1922	Quintus 130450	Quemmande 131982
Arondelle	156918	noire	1922	Sapristi 137097	Kaméléios 95298
Arondelle	158979	grise	1922	Romand 135963	Quille 129588
Arouda	155625	grise	1922	Séducteur 137280	Quorbinière 129655
Aroussa	156242	noire	1922	Perturbateur 125648	Obésité 118750
Aroustière	155272	grise	1922	Ramoneur 133946	Laroustière 100852
Arpège	155262	grise	1922	Ramoneur 133946	Ritoujours 132834
Arpenteuse	156919	noir-zain	1922	Stimulant 137850	Ollioule 122261
Arpète	156418	grise	1922	Quaduc 129371	Mezzanine 106764
Arpette	155715	grise	1922	Ramoneur 133946	Qassure 130022
Arpette	156284	grise	1922	Remords 133354	Scène 137194
Arpette	156843	gris-foncé	1922	Quirat 128883	Oie 119872
Arpette	156920	gris-clair	1922	Remisier 133326	Superbe 137974
Arque	155857	grise	1922	Reclus 134371	Sauce 138261
Arquebuse	156924	noire	1922	Pampelune 124878	Quoriole 130965
Arquebuse	158982	gris-bleu	1922	Sardonien 140136	Saula 139464
Arquée	156923	grise	1922	Pampelune 124878	Poltronne 126915
Arquée	158981	grise	1922	Romand 135963	Parité 127851
Arques	157594	noire	1922	Crédit 130005	Numa 115157
Arrachée	155925	grise	1922	Oroisy 130286	Julienne 85890
Arrachée	157759	noire	1922	Serpentin 138275	Kervela 95107
Arrée	157598	noire	1922	Qualot 131492	Laurie 102111
Arrée	159669	noire	1922	Senlis 139861	Salaison 139954
Arria	157599	grise	1922	Qualot 131492	Pilule 127023
Arria	159672	baie	1922	Sidi 139858	Pluviale 128510
Arriane	155808	noire	1922	Supérieur 137000	Salomé 138685
Arrie	157603	grise	1922	Négligent 112708	Moquette 108326
Arrie	159670	noire	1922	Sans-Souci 139958	Salamandre 139957
Arrière	156925	grise	1922	Pelus 126947	Neutralité 114301
Arrive	155260	grise	1922	Pélissier 126603	Janville 85970
Arrivée	155241	gris-fer	1922	Quaduc 129371	Ginette 70407
Arrivée	156926	noire	1922	Quarteron 128953	Kaline 95191
Arrivée	158985	grise	1922	Rêvasseur 135749	Onglette 123048
Arroche	156927	noir-zain	1922	Serpentin 138275	Irrésolue 79260
Arroche	158986	gris-bleu	1922	Keris 93769	Piaffe 128292
Arrosion	156180	noire	1922	Quarteron 128953	Laborieuse 103324
Arrugie	156932	gris-foncé	1922	Quadricycle 128838	Nemuple 113558
Arrugie	158991	gris-bleu	1922	Saumur 139480	Lignée 104437
Arsace	157600	noire	1922	Qualot 131492	Kola 95418
Arsenicale	158993	noire	1922	Rêvasseur 135749	Kuskute 96420
Arsinoé	157601	noire	1922	Qualot 131492	Lavallière 100701

NOM	N°	ROBE	Naissance	PÈRE	MÈRE
Arsinoé	159673	grise	1922	Sans-Souci 139958	Noyade 118298
Arta	157605	grise	1922	Polus 126947	Hardie 74404
Arta	159676	grise	1922	Strasbourg 139864	Vermeille 68992
Artabaze	157606	noire	1922	Polus 126947	Mouette 108319
Artabaze	159677	grise	1922	Senlis 139861	Japonaise 88888
Artamène	157607	grise	1922	Polus 126947	Ingrie 82453
Artamène	159678	grise	1922	Nénuphar 117675	Unique 59589
Artémise	155253	noire	1922	Ramassetout 133573	Punaise 125122
Artémise	155816	gris-foncé	1922	Sénateur 138093	Navette 113073
Artémise	157608	grise	1922	Polus 126947	Italienne 81103
Artémise	159680	noire	1922	Sélin 139862	Moyette 110829
Artère	155286	noire	1922	Souvenons 136704	Lolotte 99147
Artère	155705	grise	1922	Qualot 131492	Saleté 136347
Artère	156181	noire	1922	Pampelune 124878	Poupoule 63471
Artère	158994	gris-vin.	1922	Sarzeau 139443	Réussie 135745
Artérielle	156187	grise	1922	Remisier 133326	Mistress 106844
Artériole	156191	grise	1922	Komplex 91539	Lamourette 100526
Artériole	158995	grise	1922	Rêvasseur 135749	Ondine 123036
Artérite	158996	alezan-a.	1922	Kéris 93769	Mulasserie 110841
Artevelde	159682	grise	1922	Senlis 139861	Rustauderie 136118
Arthémis	156886	noire	1922	Rongetout 133602	Trésorière 141761
Arthrite	158999	grise	1922	Quompromis 132021	Sancergue 139396
Article	155737	gris-foncé	1922	Pélissier 126603	Rélinite 133801
Article	155781	noire	1922	Pantin 124490	Plaie 125316
Articulée	158997	grise	1922	Kéris 93769	Quomplète 132005
Artifice	156199	gris-foncé	1922	Lichas 98731	Samole 136833
Artificier	159002	noir-rub.	1922	Kéris 93769	Pesse 128239
Artillerie	156193	grise	1922	Stellionat 137835	Quôte 130996
Artisane	159004	grise	1922	Salase 139347	Jugeable 88332
Artiste	155144	grise	1922	Regrattier 133264	Sanie 136576
Artiste	155209	noire	1922	Souvenons 136704	Préfixe 125125
Arvale	157609	grise	1922	Polus 126947	Ossa 122336
Arvale	159683	grise	1922	Sans-Souci 139958	Quaternité 132519
Arve	157613	grise	1922	Polus 126947	Polka 57513
Arve	159684	grise	1922	Sélin 139862	Saline 139968
Arverne	157616	noire	1922	Kagot 92240	Qritique 131083
Arvicole	156938	grise	1922	Saponacé 137099	Rohane 134671
Arvicole	159006	gris-foncé	1922	Quompromis 132021	Naurvise 117359
Aryenne	156939	noire	1922	Saponacé 137099	Mulote 107034
Aryenne	159008	noire	1922	Quompromis 132021	Obésité 122780
Arze	159692	grise	1922	Sans-Souci 139958	Novatrice 118037
Ascagne	157618	grise	1922	Négligent 112708	Salière 136944
Ascaride	156941	noire	1922	Saponacé 137099	Pommette 126019
Ascaride	159009	gris-clair	1922	Quompromis 132021	Quomprise 132015
Ascaris	159013	gris-foncé	1922	Saumur 139480	Négrerie 116876

NOM	N°	ROBE	Naissance	PÈRE	MÈRE
Ascète	155552	gris-foncé	1922	Quadue 129371	Sucrette 138021
Ascidie	156946	noire	1922	Saumur 136404	Crétine 129272
Ascidie	159010	gris-foncé	1922	Quompromis 132021	Passerose 127912
Ascite	156947	grise	1922	Stellionat 137835	Glorieuse 71155
Ascite	159014	grise	1922	Rinceur 135862	Jacasse 98246
Asepsie	155130	gris-foncé	1922	Ramoneur 133946	Spontanée 137790
Asepsie	156949	gris-foncé	1922	Saumur 136404	Noduleuse 113519
Asepsie	159015	grise	1922	Sardonien 140136	Marlecie 109493
Asepsie	160024	bai-acajou	1922	Lafayette 100646	Sara 138840
Asialie	156952	noire	1922	Saponacé 137099	Probante 126322
Asialie	159016	grise	1922	Rinceur 135862	Quonicité 132096
Asiatique	155282	grise	1922	Ramoneur 133946	Semaison 137309
Asie	155170	gris-foncé	1922	Regrattier 133261	Indépendante 78499
Asie	157619	grise	1922	Polus 126947	Quotité 128782
Asie	159697	noir-zain	1922	Ostabat 123735	Lérouville 102154
Asinaire	159698	grise	1922	Sam 138693	Nouvelle 118035
Asine	155291	noire	1922	Sajas 139345	Teigne 140867
Asine	159017	noir-rub.	1922	Keris 93769	Pascale 127893
Asinette	156465	grise	1922	Quadue 129371	Cousine 59523
Asitie	156955	grise	1922	Stimulant 137850	Surséance 138313
Asitie	159020	grise	1922	Sardonien 140136	Quartine 132641
Asmodée	157620	grise	1922	Polus 126947	Râpée 135147
Asmodée	159699	grise	1922	Impérator 83461	Lithiase 103873
Asnière	155123	gris-foncé	1922	Ramoneur 133946	Olone 119223
Asnières	157623	noire	1922	Négligent 112708	Sustentation 138498
Asnières	159704	noire	1922	Spoy 139870	Raillerie 136181
Aspasie	155074	gris fer	1922	Ramoneur 133946	Missive 105662
Aspasie	155676	noire	1922	Sabarat 139316	Jubine 98416
Aspasie	155845	noire	1922	Saturnien 137115	Judith 51730
Aspasie	157624	gris-clair	1922	Polus 126947	Octeville 119990
Aspasie	159705	noire	1922	Spancourt 139925	Mutille 110911
Aspe	157625	noire	1922	Négligent 112708	Perville 126754
Aspe	159706	grise	1922	Spoy 139870	Jumelée 89187
Asperge	155270	noire	1922	Nyctalope 113635	Saigne 136719
Asperge	156835	gris-foncé	1922	Pélissier 126603	Radiation 132815
Asperge	156956	gris-foncé	1922	Saumur 136404	Istrie 81091
Asperge	159028	bai-marr.	1922	Mercy 105783	Kalifornie 96439
Aspérité	156958	gris-foncé	1922	Qroisy 130286	Lapie 99628
Aspérité	159026	grise	1922	Keris 93769	Jahel 98250
Aspérule	156959	gris-foncé	1922	Saumur 136404	Laiche 101683
Aspérule	159027	grise	1922	Servian 138921	Tantine 84482
Asphaltite	159711	noire	1922	Sultan 139856	Orainville 123635
Aspiration	156766	grise	1922	Pélissier 126603	Incriminée 80569
Aspiration	156960	grise	1922	Saumur 136404	Splendeur 137779
Aspirée	156961	noire	1922	Roulans 134739	Nagy 117133

NOM	N°	ROBE	Naissance	PÈRE	MÈRE
Asprière	157629	grise	1922	Négligent 112708	Intimité 79125
Asprière	159712	noire	1922	Sultan 139856	Marianna 111184
Aspromonte	157631	noire	1922	Négligent 112708	Naucelle 115220
Asque	156962	gris-foncé	1922	Saponacé 137099	Réputation 133688
Asque	159030	grise	1922	Saumur 139480	Sassierge 139447
Assation	156965	noire	1922	Saponacé 137099	Poulette 57807
Assemblée	156740	grise	1922	Somerset 139183	Judée 84418
Assemblée	157632	grise	1922	Négligent 112708	Quotonnerie 130594
Assemblée	159032	grise	1922	Kéris 93769	Quoiffe 131883
Assemblée	159709	baie	1922	Sultan 139856	Onanne 123739
Assertion	156966	gris-clair	1922	Saponacé 137099	Pitaude 125954
Asservie	156884	grise	1922	Somerset 139183	Giroflée 98092
Assette	156967	grise	1922	Kalot 92507	Outrepasse 122169
Assette	159033	grise	1922	Scribe 138056	Pétrée 128249
Assidue	156968	gris-clair	1922	Saponacé 137099	Quasernière 134617
Assidue	159036	gris-clair	1922	Scribe 138056	Oureque 123527
Assiette	155547	grise	1922	Pélissier 126603	Larde 100659
Assiette	156969	noire	1922	Stellionat 137835	Gambade 69562
Assiette	159040	bai-mar.	1922	Sarzeau 139443	Pétunia 128258
Assinie	157633	gris-clair	1922	Négligent 112708	Tablette 144353
Assinie	159714	grise	1922	Lédon 101823	Noménie 118350
Assise	155078	gris-foncé	1922	Sonjatout 136537	Kustine 91644
Assise	156970	gris-foncé	1922	Sabreur 136429	Toilerie 141217
Assise	159042	grise	1922	Scribe 138056	Juvenilia 87363
Assise	159715	grise	1922	Strasbourg 139864	Quizieuze 131441
Assistance	156874	noire	1922	Quirat 128885	Stromna 136653
Assistance	156971	bai-mar.	1922	Névrosé 113735	Ionienne 81437
Assistée	155700	noire	1922	Sorcier 136545	Manille 105328
Association	156742	grise	1922	Sénateur 138093	Indiscrète 80039
Associée	156972	noire	1922	Névrosé 113735	Norvège 112759
Associée	159039	grise	1922	Sarzeau 139443	Passette 127914
Assogue	156975	gris-clair	1922	Receveur 133074	Hochette 77064
Assonance	156758	gris-clair	1922	Pantin 124490	Orvée 120531
Assonance	159043	grise	1922	Saumur 139480	Pataude 127946
Assortie	156977	noire	1922	Saumur 136404	Safranée 136746
Assortie	159044	gris-foncé	1922	Sombacour 139758	Neulette 117391
Assoupie	155695	gris-foncé	1922	Reynal 132841	Hôtesse 75500
Assurance	156978	gris-clair	1922	Kalot 92507	Dégourdie 68846
Assurance	159045	noire	1922	Kéris 93769	Mutide 109513
Assurée	156979	noire	1922	Névrosé 113735	Igne 81465
Assurément	155110	gris-foncé	1922	Sans-Cœur 136540	Qloyère 130147
Assyrie	157634	noire	1922	Nitrate 111699	Girone 98385
Assyrie	159718	grise	1922	Lédon 101823	Pieuvre 128327
Assyrienne	156980	noire	1922	Névrosé 113735	Toiture 141228
Assyrienne	159046	gris-foncé	1922	Koch-ex-Kourlis 95894	Saulce 139465

NOM	N°	ROBE	Naissance	PÈRE	MÈRE
Astarté	156273	grise	1922	Séducteur 137280	Gazelle 68769
Astarté	156860	noir zain	1922	Fier-à-Bras 65250	Sambre 138049
Astarté	157636	noire	1922	Négligent 112708	Patache 127030
Astatique	159048	gris-foncé	1922	Nichet 117897	Maritorne 110345
Astérie	156981	gris-clair	1922	Saponacé 137099	Questure 129143
Astérie	156983	noire	1922	Névrosé 113735	Kamala 97678
Astérie	159049	gris-foncé	1922	Rêvasseur 135749	Maîtrise 106056
Asthénie	156984	noire	1922	Saponacé 137099	Istib 80458
Astille	155538	grise	1922	Souvenons 136704	Hastille 97141
Astique	155138	grise	1922	Regrattier 133261	Nobie 113360
Astique	155302	bai-brun	1922	Simbleau 136949	Ormille 119316
Astiquée	155745	noir-zain	1922	Fier-à-Bras 65250	Ovakine 120666
Astiquée	155932	noire	1922	Souvenons 136704	Pétéchie 125134
Astolphe	159722	grise	1922	Sélin 139862	Mauganèse 111266
Astorga	159726	grise	1922	Jaccoud 88477	Joséphine 98559
Astragale	155840	gris fer	1922	Poison 125565	Orgelette 120600
Astragale	159059	grise	1922	Keris 93769	Saubole 139453
Astrale	156986	noire	1922	Névrosé 113735	Palatine 126908
Astrale	159053	grise	1922	Saumur 139480	Trémière 143671
Astrée	157637	noire	1922	Oder 121578	Rustique 133658
Astrée	159822	alezane	1922	Sébastopol 138271	Laridelle 101416
Astreinte	159057	gris-foncé	1922	Soissonnais 139160	Orangette 123109
Astria	155555	gris-vin.	1922	Sérac 137367	Ostiaque 119804
Astringente	156987	gris-tr.-cl.	1922	Névrosé 113735	Orgère 120022
Astrologie	156737	grise	1922	Somerset 139183	Orbite 120255
Astrologie	156988	grise	1922	Sénateur 138093	Rougette 134441
Astrologie	159061	gris-foncé	1922	Sombacour 139758	Naïade 117528
Astronomie	155198	noire	1922	Ramassetout 133573	Quipique 128803
Astronomie	156989	bai-marr.	1922	Saumur 136404	Hirondelle 54670
Astronomie	157640	noire	1922	Nitrate 111699	Poupoule 59811
Astronomie	159062	grise	1922	Sombacour 139758	Secqueville 139543
Astuce	155126	gris-foncé	1922	Strongle 138148	Sabine 136693
Astuce	156341	grise	1922	Perturbateur 125648	Henrietta 73777
Astuce	156744	noire	1922	Qairat 128885	Mimeuse 106782
Astuce	156990	gris-tr.-f.	1922	Saumur 136404	Poulpe 126135
Astuce	159063	gris-foncé	1922	Rêvasseur 135749	Nicolle 117419
Astucieuse	156991	gris-foncé	1922	Quadricycle 128838	Quivienne 129572
Astucieuse	159066	gris-foncé	1922	Keris 93769	Patoiserie 127978
Asturie	157641	gris-rouan	1922	Nitrate 111699	Tombelaine 142761
Asturie	159823	noire	1922	Quatman 129648	Navale 117607
As-tu-vu-ça	155232	gris-foncé	1922	Souvenons 136704	Thalie 140813
Astyage	157642	gris-rouan	1922	Kalidun 95297	Charmante 93302
Asymétrie	156896	grise	1922	Ramassetout 133573	Obéiante 118895
Asymétrie	156993	gris-foncé	1922	Saumur 136404	Jac-dite 87962
Asymétrie	159067	grise	1922	Keris 93769	Pairesse 128648

NOM	N°	ROBE	Naissance	PÈRE	MÈRE
Asymptote	156998	gris-tr.-f.	1922	Saumur 136404	Jarnosse 85193
Asymptote	159069	grise	1922	Kéris 93769	Table 143240
Asynartète	159071	grise	1922	Scribe 138056	Orbite 123119
Asystolie	157000	gris-clair	1922	Saumur 136404	Konstantine 91998
Asystolie	159074	noir-rub.	1922	Sombacour 139758	Onglée 123047
Atalante	155160	grise	1922	Sonnant 137627	Huître 74395
Atalante	157646	noir-zain	1922	Néflier 111919	Jina 98433
Atalante	159831	grise	1922	Satisfait 140153	Minerve 104892
Ataraxie	156894	grise	1922	Sorcier 136545	Nume 111903
Ataraxie	159076	noire	1922	Sombacour 139758	Pastoure 127933
Atavique	159080	grise	1922	Servian 138921	Lésine 104020
Ataxie	156756	grise	1922	Somerset 139183	Abjectif 66372
Ataxie	157002	gris-clair	1922	Saumur 136404	Lamelle 101712
Ataxie	159077	grise	1922	Kéris 93769	Ninville 117424
Atchoum	155545	noire	1922	Quirat 128885	Machine 107498
Atèle	159081	grise	1922	Servian 138921	Sommière 139769
Atella	157649	grise	1922	Néflier 111919	Joyeuse 86855
Atella	159833	grise	1922	Médisant 105527	Sièze 139696
Atellane	159082	grise	1922	Kéris 93769	Karlotta 97611
Athalante	155867	grise	1922	Poison 125565	Recoupe 135298
Athalie	155075	grise	1922	Sajas 139345	Spa 136633
Athalie	155796	grise	1922	Supérieur 137000	Périlleuse 128181
Athalie	156476	noire	1922	Simbleau 136949	Quike 129394
Athalie	156900	grise	1922	Souvenons 136704	Pirogue 125940
Athalie	157122	grise	1922	Quintanar 129225	Lacave 98754
Athalie	157725	noire	1922	Quarteron 128953	Quomande 130334
Athalie	159834	grise	1922	Sultan 139856	Jouvence 86649
Athalie	159972	grise	1922	Ravignan 136302	Japie 88847
Athalie	160039	noire	1922	Marocain 107904	Korvette 93168
Athamante	156895	grise	1922	Sorcier 136545	Rébecca 133574
Athanase	157726	noire	1922	Quarteron 128953	Orogénie 122079
Athéna	157727	grise	1922	Sanderling 136440	Oxygénée 122196
Athénaïs	156447	grise	1922	Saurin 137137	Orangère 119378
Athénée	156462	grise	1922	Saurin 137137	Judith 84054
Athénée	156902	noire	1922	Sorcier 136545	Omnia 119754
Athénée	157728	noire	1922	Sapor 138736	Partie 124577
Athénée	159836	gris-foncé	1922	Strasbourg 139864	Paraffine 127597
Athènes	157730	noire	1922	Sapor 138736	Lanterne 103037
Athènes	159840	noir-zain	1922	Strasbourg 139864	Sagaie 139926
Atlanta	157731	grise	1922	Sapor 138736	Névreuse 115418
Atlanta	159842	grise	1922	Strasbourg 139864	Ouaille 122570
Atlante	158668	gris-fer-f.	1922	Royal 133913	Questeuse 131306
Atlantide	157732	grise	1922	Quarteron 128953	Manola 109343
Atlantide	158637	gris-fer	1922	Radeau 134903	Margelle 111055
Atlantide	159843	gris-tr.-f.	1922	Spancourt 139925	Rime 135856

NOM	N°	ROBE	Naissance	PÈRE	MÈRE
Atlantique	157733	grise	1922	Sanderling 136440	Lanière 103036
Atlantique	159846	gris-tr.-f.	1922	Servian 138921	Orange 122956
Atonie	157005	gris-foncé	1922	Saumur 136404	Rosette 134979
Atonie	159072	gris-foncé	1922	Kéris 93769	Quonfiante 132064
Atonie	159085	gris-foncé	1922	Sardonien 140136	Noce 117435
Atonique	157007	gris-foncé	1922	Saumur 136404	Méniane 106362
Atonique	159086	grise	1922	Saumur 139480	Narration 118247
Atrabile	156899	noire	1922	Sorcier 136545	Méfiante 105729
Atrabile	157011	gris-foncé	1922	Saumur 136404	Kortone 92023
Atrabile	159088	grise	1922	Rêvasseur 135749	Riblette 135828
Atrée	157735	noire	1922	Sanderling 136440	Napée 112791
Atrée	159848	noire	1922	Lédon 101823	Troie 144310
Atride	159850	gris-foncé	1922	Spancourt 139925	Qualité 132645
Atroce	157012	gris foncé	1922	Lichas 98731	Nappe 112796
Atrocité	157014	noire	1922	Lichas 98731	Sibèle 62193
Atropa	156275	noire	1922	Séducteur 137280	Revenue 134088
Atrophie	157015	noire	1922	Succédané 137925	Niroise 113937
Atrophie	159093	grise	1922	Kéris 93769	Sauqueville 139482
Atropine	156456	grise	1922	Quaduc 129371	Mascotte 107254
Atropine	156898	grise	1922	Sorcier 136545	Lotion 102637
Atropine	157017	noire	1922	Saumur 136404	Palmure 124324
Atropine	159094	grise	1922	Rinceur 135862	Navarette 118270
Attache	157018	noire	1922	Lichas 98731	Sunna 137973
Attale	157737	noir-zain	1922	Sanderling 136440	Javeline 87984
Attaque	155129	grise	1922	Ramoneur 133946	Raclette 133513
Attaque	156864	gris-foncé	1922	Poison 125565	Surette 136397
Attaque	157019	noire	1922	Lichas 98731	Nef 112710
Atteinte	156909	noire	1922	Pélissier 126603	Marinette 105332
Attelle	155085	gris-foncé	1922	Ramoneur 133946	Qualamite 129676
Attelle	159097	grise	1922	Saumur 139480	Orfraie 123151
Attente	156772	noire	1922	Regrattier 133261	Prétendante 126256
Attention	156247	noire	1922	Sauteur 137147	Rétention 134046
Attention	158622	noire	1922	Muet 109445	Quarantaine 131688
Attique	157739	noire	1922	Sanderling 136440	Sidoine 138279
Attique	159101	grise	1922	Kéris 93769	Revenue 135766
Attique	159851	gris-foncé	1922	Strasbourg 139864	Mallacca 104803
Attirante	157023	noire	1922	Succédané 137925	Papule 124452
Attitrée	159102	noire	1922	Remonteur 134855	Lucrèce 103954
Attitude	156908	grise	1922	Pélissier 126603	Soubette 138087
Attitude	159104	grise	1922	Rinceur 135862	Orgiaque 123158
Attraction	155090	noire	1922	Sajas 139345	Passette 124631
Attrape	157030	gris-foncé	1922	Saumur 136404	Régatienne 133222
Attrape	158683	gris-fer-f.	1922	Nassau-ex-Neuilly 112806	Parité 127605
Attrape	159105	gris-vin.	1922	Saumur 139480	Pavane 128017
Attrappe	155790	gris-foncé	1922	Sérum 136949	Odométrie 121498

NOM	N°	ROBE	Naissance	PÈRE	MÈRE
Attrition	157031	noire	1922	Saponacé 137099	Nouire 112889
Attubation	158666	noire	1922	Lutécien 102720	Option 122555
Aubade	156912	noire	1922	Quirat 128885	Kabylie 89920
Aubade	157035	grise	1922	Saponacé 137099	Roumanille 134740
Aubade	158596	gris-cl.-p.	1922	Muet 109445	Normalienne 117706
Aubade	159106	grise	1922	Sombacour 139758	Pauvrette 128013
Aubaine	155707	gris-foncé	1922	Strongle 138148	Lady 97914
Aubaine	157038	grise	1922	Saponacé 137099	Poutrelle 126166
Aubaine	157219	grise	1922	Komplex 91539	Pulpe 126516
Aubaine	159107	gris-clair	1922	Saumur 139480	Kaptive 96477
Aube	155843	grise	1922	Poison 125565	Lavallière 98925
Aube	157742	grise	1922	Quarteron 128953	Lionne 103305
Aube	158598	gris-fer	1922	Klocher 95657	Hâtelle 77304
Aube	159109	gris-foncé	1922	Satolas 139450	Originalité 123168
Aube	159852	bai-clair	1922	Spancourt 139925	Janire 88834
Aubépine	155648	gris-foncé	1922	Pélissier 126603	Roupie 133294
Aubépine	156890	grise	1922	Regrattier 133261	Nichette 114681
Aubépine	157039	noire	1922	Saponacé 137099	Thionine 141266
Aubépine	158686	grise	1922	Nassau-ex-Neuilly 112606	Ingénue 82947
Aubépine	159111	noir-m.-t.	1922	Rêvasseur 135749	Linière 101496
Auberge	156892	grise	1922	Quaduc 129371	Léontine 100721
Auberge	157040	grise	1922	Remisier 133326	Nation 113975
Auberge	158689	noire	1922	Radeau 134903	Mondaine 110048
Auberge	159112	noire	1922	Satolas 139450	Hélice 77466
Aubergine	155091	gris-foncé	1922	Sans-Cœur 136540	Trigle 140715
Aubergine	156891	noire	1922	Regrattier 133261	Ovée 124102
Aubergine	158690	gris-fer	1922	Radeau 134903	Nonnette 118164
Aubergine	159115	noire	1922	Remonteur 134855	Opilation 123082
Auberive	157744	bai-brun	1922	Roulans 134739	Nicotiane 115759
Auberive	159854	baie	1922	Osiabat 123735	Margarita 104855
Aubeterre	159855	grise	1922	Recteur 135313	Sape 140114
Aubette	158658	gris-tr.-f.	1922	Radeau 134903	Tocane 143250
Aubierne	155866	gris-vin.	1922	Sérum 136999	Médicis 106122
Aubine	158593	gris-fer	1922	Nassau-ex-Neuilly 112606	Rasade 132952
Aubine	160027	noire	1922	Saponacé 137099	Rose 134703
Aucune	157041	noire	1922	Remisier 133326	Nationale 113976
Aucune	159113	grise	1922	Remonteur 134855	Coquette 57085
Audace	155983	grise	1922	Poison 125565	Pipette 125189
Audace	159116	grise	1922	Régis 134284	Névrite 118536
Audacieuse	156446	grise	1922	Nyctalope 113635	Rapie 133487
Aude	155685	gris-foncé	1922	Sérum 136999	Mazurka 105941
Aude	157745	noire	1922	Roulans 134739	Faisante 67702
Aude	159860	gris-foncé	1922	Recteur 135313	Elisa 64174
Audenarde	157746	bai-brun	1922	Roulans 134739	Numilie 118168
Audenarde	159862	gris-rouan	1922	Obstructif 120705	Malicieuse 104870

NOM	N°	ROBE	Naissance	PÈRE	MÈRE
Audiance	155803	noire	1922	Sowiet 138115	Belladona 63455
Audience	155770	grise	1922	Poison 125565	Miellée 110517
Audience	159121	gris-bleu	1922	Servilly 139658	Quassette 131720
Audierne	157749	noire	1922	Roulans 134739	Quonférence 130907
Audierne	159863	gris-foncé	1922	Quinaud 132720	Quorpulence 132272
Audiganne	159864	gris-rouan	1922	Sardonien 140136	Ourdye 120945
Audition	158648	gris-fer	1922	Royal 133913	Orange 122540
Audition	159124	gris-foncé	1922	Servilly 139658	Opulence 123245
Auditive	159122	gris-foncé	1922	Servilly 139658	Halte 96885
Audovère	159865	gris rouan	1922	Servian 138921	Kardina 96756
Audoyère	157750	noire	1922	Roulans 134739	Laminerie 101715
Auge	156893	grise	1922	Quaduc 129371	Quontrite 130454
Auge	157043	gris-foncé	1922	Lichas 98731	Ogivette 120217
Auge	157751	noire	1922	Roulans 134739	Quommode 130886
Auge	159869	gris-fer	1922	Servilly 139658	Sénergue 139588
Augsbourg	157754	noir-zain	1922	Sanderling 136440	Kadena 91227
Augurale	157044	noire	1922	Saponacé 137099	Ormaie 122068
Augurale	159126	grise	1922	Servilly 139658	Mûre 110857
Augusta	157756	noire	1922	Quarteron 128953	Nille 114980
Augusta	159870	gris-fer	1922	Ratapoil 135870	Ouaille 123257
Augustine	156834	grise	1922	Pélissier 126603	Maine 105969
Augustine	157045	noire	1922	Lichas 98731	Noville 114456
Augustine	157757	noir-zain	1922	Quarteron 128953	Margot 73412
Augustine	159129	noire	1922	Ratapoil 135870	Rigoleuse 135847
Augustine	159873	grise	1922	Sardonien 140136	Koralie 96780
Aulnaie	157048	grise	1922	Saumur 136404	Onzième 120846
Aulnaie	159135	gris-bleu	1922	Servilly 139658	Mamie 104868
Aulne	157047	noire	1922	Saponacé 137099	Rêverie 134628
Aulne	157758	grise	1922	Serpentin 138275	Ostéite 122123
Aulne	159130	grise	1922	Salase 139347	Kalédonie 96437
Aulne	159876	gris-clair	1922	Servian 138921	Oiselière 123935
Aumaille	157049	noire	1922	Saponacé 137099	Prolifée 126345
Aumaille	159138	grise	1922	Récitateur 135287	Batavia 64985
Aumale	155868	gris-foncé	1922	Poison 125565	Nonvue 112512
Aumale	157762	noire	1922	Malplaquet 107145	Marenne 107211
Aumale	159878	gris-foncé	1922	Sardonien 140136	Payse 128043
Aumonerie	156248	noir-zain	1922	Pouff 124218	Septante 137358
Aunaie	155891	grise	1922	Poison 125565	Ratistolée 135388
Aunaie	158649	noire	1922	Royal 133913	Orangeade 122541
Aune	157761	grise	1922	Malplaquet 107145	Nive 112736
Aune	159145	grise	1922	Servilly 139658	Quensoine 132120
Aunée	157053	gris-foncé	1922	Somerset 139183	Lacinie 101663
Aunoue	159959	gris-foncé	1922	Marat 111305	Renance 136286
Aurelie	157764	gris-foncé	1922	Malplaquet 107145	Ruinare 134500
Aurélie	159879	grise	1922	Ostabat 123735	Pantoutle 128697

NOM	N°	ROBE	Naissance	PÈRE	MÈRE
Aurelle	157763	noire	1922	Malplaquet 107145	Pénélope 127118
Aurelle	159728	noire	1922	Recteur 135313	Larue 102867
Auréole	156359	grise	1922	Sauteur 137147	Idie 78582
Auréole	156904	noire	1922	Quirat 128885	Olapanne 119172
Auréole	157058	noire	1922	Saponacé 137099	Ostéalgie 121047
Auréole	157700	grise	1922	Sion 139143	Marthe 109020
Auréole	159146	noire	1922	Quinaud 132720	Nérodia 118305
Auricule	156812	grise	1922	Quirat 128885	Paraplégie 124586
Auricule	157061	noire	1922	Qroisy 130286	Orphie 119334
Auricule	159147	grise	1922	Servilly 139658	Mare 109608
Aurique	157062	gris-foncé	1922	Saumur 136404	Prédelle 126196
Aurique	159149	gris foncé	1922	Sombacour 139758	Orpheline 123199
Aurone	157765	noir-zain	1922	Malplaquet 107145	Faribole 87716
Aurore	155073	grise	1922	Ramoneur 133946	Cime 67306
Aurore	155290	grise	1922	Sajas 139345	Menterie 105398
Aurore	155677	noire	1922	Sabarat 139316	Sérosité 138097
Aurore	156161	noire	1922	Quasi 128865	Lisette 102448
Aurore	156358	grise	1922	Sauteur 137147	Pousseraie 125646
Aurore	156878	noir-zain	1922	Fier-à-Bras 65250	Rivière 132921
Aurore	157063	grise	1922	Saumur 136404	Sultane 78445
Aurore	157695	noire	1922	Sion 139143	Nitouche 146259
Aurore	157767	grise	1922	Récipé 135282	Nonette 115463
Aurore	159150	gris-bleu	1922	Sombacour 139758	Pelarde 128088
Aurore	159729	noire	1922	Maquis 110284	Oletta 123390
Ausone	157770	gris-noir	1922	Récipé 135282	Kouperose 95880
Ausone	159732	noire	1922	Servilly 139658	Kyrielle 96636
Ausonie	157772	grise	1922	Pampelune 124878	Négrerie 111926
Austérité	157064	noire	1922	Qroisy 130286	Hachette 73975
Australasie	157776	grise	1922	Pampelune 124878	Navarraise 112977
Australasie	159733	grise	1922	Servilly 139658	Quinzaine 132722
Australe	159151	gris bleu	1922	Saumur 139480	Gestradella 98229
Australie	157778	grise	1922	Pampelune 124878	Once 120374
Australie	159734	grise	1922	Récitateur 135287	Ormessa 123817
Australienne	157065	noire	1922	Qroisy 130286	Quamerino 130682
Austrasie	157779	grise	1922	Pampelune 124878	Projection 126358
Austrasie	159735	grise	1922	Obstructif 120705	Roussette 136147
Auterive	157783	grise	1922	Récipé 135282	Négroïde 115688
Auterive	159736	noire	1922	Obstructif 120705	Tendresse 143283
Auteur	157060	noire	1922	Quirat 128885	Quabotine 130236
Authie	159737	noire	1922	Sultan 139856	Irma 81037
Auto	157154	noire	1922	Succédané 137925	Jubilante 86945
Autocopie	157068	noire	1922	Stimulant 137850	Quotinière 131408
Autocopie	159154	grise	1922	Sombacour 139758	Joppe 87456
Autocratie	159155	grise	1922	Saumur 139480	Orphie 123203
Automnale	159156	grise	1922	Salase 139347	Quontagion 132130

NOM	N°	ROBE	Naissance	PÈRE	MÈRE
Autonomase	158800	grise	1922	Romand 135963	Qlairette 131790
Autonomie	159157	grise	1922	Quompromis 132024	Papule 127788
Autoplastie	159158	noir-m.-t.	1922	Sombacour 139758	Kramérie 96322
Autorité	157071	gris-foncé	1922	Stimulant 137850	Jugeote 88334
Autorité	158625	gris-fer	1922	Quaïman 129648	Intrigue 93520
Autorité	159159	gris-bleu	1922	Saumur 139480	Gamine 72180
Autotomie	157072	gris-tr.-cl.	1922	Névrosé 113735	Oursette 119097
Autrefois	155285	gris-foncé	1922	Souvenons 136704	Rameuse 133582
Autrefois	155550	noire	1922	Saleux 139360	Quirelle 129980
Autriche	155681	grise	1922	Reclus 134371	Quolérine 129968
Autriche	157784	noire	1922	Serpentin 138275	Neuvillette 114523
Autriche	159743	noire	1922	Kerdrain 95437	Outrance 123761
Autrichienne	159162	grise	1922	Keris 93769	Ortive 123214
Autruche	156858	noire	1922	Quirat 128885	Rubrique 133966
Autruche	157073	noire	1922	Saponacé 137099	Strasse 137890
Autruche	158626	aubère	1922	Quaïman 129648	Légation 104312
Autruche	159165	grise	1922	Salasc 139347	Naturelle 117590
Auvergnate	157076	gris-clair	1922	Ouistreham 120076	Nageuse 114012
Auvergnate	159170	gris-foncé	1922	Servilly 139658	Panorme 126608
Auvergne	155653	gris-foncé	1922	Pélissier 126603	Pénélope 125216
Auvergne	155804	gris-foncé	1922	Soviet 138115	Okerrine 120752
Auvergne	155991	gris-foncé	1922	Pantin 124490	Normande 115857
Auvergne	157075	noire	1922	Receveur 133074	Rectifiée 133548
Auvergne	157653	noire	1922	Illettré 81310	Potidée 127316
Auvergne	159171	noir-rub.	1922	Servilly 139658	Margot 98226
Auvergne	159744	gris-foncé	1922	Récitateur 135287	Minotière 108444
Auxonne	157654	grise	1922	Illettré 81310	Numérale 115940
Auxonne	159745	grise	1922	Strasbourg 139864	Orgie 123154
Auxospore	157078	noire	1922	Ouistreham 120076	Quapelle 130754
Auzance	157655	noire	1922	Quamelot 130750	Reptation 133678
Auzance	159746	gris-rouan	1922	Maquis 110284	Flore 75080
Auzone	157657	noire	1922	Quamelot 130750	Krinte 95935
Availle	159747	gris-foncé	1922	Recteur 135313	Javanaise 88744
Avalanche	156502	baie	1922	Séducteur 137280	Rosette 75244
Avalanche	157081	gris-clair	1922	Stimulant 137850	Méthode 107790
Avalanche	158646	gris-vin.	1922	Radeau 134903	Ogresse 122474
Avalasse	157079	noire	1922	Stimulant 137850	Prémisse 126211
Avaleresse	157082	noire	1922	Raynouard 133959	Hésione 75571
Avaloire	157083	gris-foncé	1922	Stimulant 137850	Noaille 113027
Avaloire	159175	grise	1922	Lutécien 102720	Oseille 123225
Avalure	157084	grise	1922	Ouistreham 120076	Rutule 134793
Avance	156792	grise	1922	Quaduc 129371	Hampe 73933
Avance	157086	noire	1922	Raynouard 133959	Préopinante 126217
Avangarde	156739	grise	1922	Sénateur 138093	Kascade 92371
Avanie	157087	grise	1922	Quadricycle 128838	Olynthe 121226

NOM	N°	ROBE	Naissance	PÈRE	MÈRE
Avanne	155990	grise	1922	Pantin 124490	Quiroga 130302
Avantgarde	156791	grise	1922	Quaduc 129371	Javotte 83698
Avare	155793	noir-zain	1922	Reynal 132841	Nomination 115832
Avarice	155638	grise	1922	Pélissier 126603	Moulapipe 105882
Avarice	155682	noire	1922	Poison 125565	Aiguille 66902
Avarice	155876	gris-foncé	1922	Pélissier 126603	Idalie 80919
Avarice	156795	alez.-f.-b.	1922	Souvenons 136704	Mucosité 105602
Avarice	157091	grise	1922	Sénateur 138093	Lacoudre 104761
Avarice	158605	gris-tr.-f.	1922	Muet 109445	Quintida 131313
Avarice	159179	noir-zain	1922	Ratapoil 135870	Rioteuse 135873
Avarie	157092	grise	1922	Sénateur 138093	Hochette 74936
Avarie	159180	noir-m.-t.	1922	Sébastopol 138271	Orpin 123850
Avatar	156421	grise	1922	Perturbateur 125648	Grenade 69615
Aveine	157089	noir-zain	1922	Receveur 133074	Réception 133067
Aveinière	157093	noire	1922	Sénateur 138093	Korinthe 92011
Avenelle	155210	grise	1922	Souvenons 136704	Koriquette 95078
Avénière	159189	noir-zain	1922	Sébastopol 138271	Salure 140060
Avenir	156905	grise	1922	Sorcier 136545	Récidive 133478
Avenir	159749	grise	1922	Recteur 135313	Raquette 136150
Aventure	155869	grise	1922	Poison 125565	Rina 133940
Aventure	156409	grise	1922	Sonnant 137627	Ravive 133473
Aventure	157096	gris-clair	1922	Stellionat 137835	Qolinette 129567
Aventure	158712	gris-fer	1922	Radeau 134903	Adèle 56311
Aventure	159190	grise	1922	Latécien 102720	Outrageuse 123299
Aventurière	156751	noir-zain	1922	Fier-à-Bras 65250	Révoltée 133893
Aventurière	159750	gris-foncé	1922	Recteur 135313	Qualifiée 132566
Aventurina	159196	grise	1922	Koch-ex-Kourlis 95894	Mignonnette 104818
Avenue	155691	gris-foncé	1922	Reclus 134371	Quriositas 129560
Avenue	156816	grise	1922	Sonnant 137627	Kosarée 92823
Avenue	157108	noire	1922	Ops 121242	Importation 78751
Avenue	159198	gris-foncé	1922	Servian 138921	Pholade 128282
Avérée	155083	grise	1922	Sajas 139345	Sparta 136497
Avérée	155937	grise	1922	Pélissier 126603	Laronne 98890
Averne	157659	gris-tr.-f.	1922	Mylord 107421	Opiacée 120861
Averne	159689	noire	1922	Strasbourg 139864	Narine 111458
Averne	159751	grise	1922	Recteur 135313	Marietta 111145
Aversa	155799	noire	1922	Poison 125565	Kénoll 92199
Averse	155086	gris-foncé	1922	Ramoneur 133946	Pagode 124199
Averse	159199	gris-foncé	1922	Lédon 101823	Palette 128684
Averse	159755	bai-brun	1922	Kerdrain 95437	Oxydation 123747
Aversion	159200	gris-foncé	1922	Lédon 101823	Jeunesse 87242
Avesne	155693	gris-foncé	1922	Supérieur 137000	Haltesse 76866
Avesne	159756	gris-fer	1922	Recteur 135313	Mignonne 84485
Aveugle	155855	gris-foncé	1922	Poison 125565	Quillette 131411
Aveuglette	156794	grise	1922	Sans-Cœur 136540	Favorie 57452

NOM	N°	ROBE	Naissance	PÈRE	MÈRE
Aveuglette	159204	grise	1922	Salase 139347	Orthodoxie 123208
Avezac	159769	grise	1922	Schnick 140022	Triérarchie 143731
Aviation	159207	gris-clair	1922	Quompromis 132021	Jurisprudence 87506
Aviatrice	155643	noire	1922	Pélissier 126603	Gargousse 71324
Aviatrice	157111	gris-clair	1922	Ops 121242	Nodule 114778
Aviatrice	159206	noire	1922	Salase 139347	Piponnette 124182
Avicenne	159761	grise	1922	Recteur 135313	Normanville 116669
Avicule	156818	noire	1922	Regrattier 133261	Brillante 53628
Avicule	157112	grise	1922	Ops 121242	Latérale 101778
Avicule	159208	grise	1922	Salase 139347	Penne 128140
Aviculture	157115	noire	1922	Ops 121242	Panure 124425
Aviculture	159210	gris-foncé	1922	Quompromis 132021	Mascotte 109664
Avide	155958	noir-zain	1922	Fier-à-Bras 65250	Kilname 92269
Avidité	157116	grise	1922	Ops 121242	Rectiligne 133102
Avidité	159211	noire	1922	Salase 139347	Lolotte 68348
Aviette	155771	noire	1922	Ramassetout 133573	Lisette II 84380
Aviette	157141	noir-zain	1922	Succédané 137925	Oliva 121205
Avila	159762	gris-f.-r.	1922	Recteur 135313	Quenelle 132574
Avilès	157793	grise	1922	Pampelune 124878	Réclame 133138
Avilie	155639	grise	1922	Pélissier 126603	Novale 112307
Avinée	157184	grise	1922	Sapristi 137097	Levantine 99405
Avinée	159212	gris-vin.	1922	Salase 139347	Olivaie 122962
Avisée	155240	gris-foncé	1922	Ramassetout 133573	Poirette 125149
Avisée	155546	grise	1922	Pélissier 126603	Latitude 97958
Avisée	156427	grise	1922	Receveur 133074	Tamise 140366
Avisée	157123	noire	1922	Remisier 133326	Saisepareille 136819
Avisée	159215	noir-m.-t.	1922	Seythenex 139684	Naturante 117586
Avize	157785	noire	1922	Pantin 124490	Reillanne 134005
Avize	159763	gris-f.-r.	1922	Recteur 135313	Nuance 118133
Avocasserie	159223	noir-rub.	1922	Salase 139347	Rocaille 135930
Avocate	155854	gris-foncé	1922	Sérum 136999	Kabella 92268
Avocate	159221	grise	1922	Salase 139347	Pentsée 128148
Avocate	160054	gris-foncé	1922	Recueil 133111	Polka 126809
Avocette	156410	grise	1922	Sonnant 137627	Quonsigne 129299
Avocette	156819	alezane	1922	Regrattier 133261	Narcisse 111821
Avocette	157127	noire	1922	Remisier 133326	Modulation 106869
Avocette	159217	noire	1922	Seythenex 139684	Senone 139598
Avoine	155544	gris-foncé	1922	Quirat 128885	Ophélia 121067
Avoine	155667	grise	1922	Sage 138029	Notation 112350
Avoine	155862	gris-foncé	1922	Sérum 136999	Nodule 112503
Avoine	156434	grise	1922	Nyctalope 113635	Masse 106301
Avoine	157137	noire	1922	Succédané 137925	Helvétie 78147
Avoine	159218	grise	1922	Seythenex 139684	Pénurie 128150
Avranches	157795	noire	1922	Quarteron 128953	Paysse 124765
Avranches	159764	gris-rouan	1922	Recteur 135313	Nubie 118134

NOM	N°	ROBE	Naissance	PÈRE	MÈRE
Avre	157786	noire	1922	Quamelot 130750	Nimègue 116401
Avre	159765	grise	1922	Marquis 110284	Novale 117491
Avrile	156426	grise	1922	Receveur 133074	Sauterne 136588
Avrilée	156836	gris-foncé	1922	Fier-à-Bras 65250	Quoudre 130372
Avrilette	156328	grise	1922	Séquoia 137376	Laiterie 100594
Avrillée	159219	grise	1922	Salasc 139347	Nana 115967
Avulsion	156809	grise	1922	Saurin 137137	Kouleuvre 91333
Avulsion	159224	grise	1922	Royal 133913	Senonville 139599
Avulsive	157138	gris-tr.-f.	1922	Succédané 137925	Orbe 121247
Avulsive	159220	bai-marr.	1922	Salasc 139347	Moustache 93493
Axe	159226	grise	1922	Lutécien 102720	Oupille 123284
Axiale	159227	gris-foncé	1922	Saintesprit 138197	Herse 75537
Axie	156800	baie	1922	Saurin 137137	Jeliotte 98157
Axile	159233	gris-clair	1922	Lutécien 102720	Pépinière 128157
Axonge	156797	grise	1922	Sonnant 137627	Opilative 119194
Axonge	159236	gris-foncé	1922	Lutécien 102720	Malice 111019
Axuelle	159228	noire	1922	Lutécien 102720	Nauséeuse 117603
Aya	157721	grise	1922	Pneu-ex-Palestro 126523	Sémiramis 138850
Ayala	157787	grise	1922	Quamelot 130750	Orbitale 121984
Ayala	159766	grise	1922	Maquis 110284	Kopélie 96693
Ayen	157796	grise	1922	Qroisy 130286	Orographie 122080
Ayta	157798	noire	1922	Pampelune 124878	Ninon 113262
Azalée	156313	grise	1922	Roussin 134466	Perruche 125350
Azalée	156798	grise	1922	Quaduc 129371	Moscatelle 106951
Azalée	159238	grise	1922	Sébastopol 138271	Quopule 132190
Azerole	159239	noire	1922	Saintesprit 138197	Myrrhe 110405
Aziadé	155088	grise	1922	Ramoneur 133946	Toile 140335
Azimutale	159240	noire	1922	Sébastopol 138271	Sérifontaine 139619
Aziyadé	156454	grise	1922	Quaduc 129371	Pie 125091
Azora	156364	grise	1922	Roussin 134466	Kanche 90707
Azote	155217	grise	1922	Ramassetout 133573	Pénate 124785
Azote	156477	grise	1922	Nyctalope 113635	Ruelle 133629
Azotée	155214	noire	1922	Ramassetout 133573	Rétine 134051
Azotée	159242	gris-clair	1922	Récitateur 135287	Paonne 127771
Azoth	157799	noire	1922	Pampelune 124878	Labelle 103060
Azoture	159251	grise	1922	Koch-ex-Kourlis 95894	Otite 123256
Azurée	156441	noire	1922	Rongetout 133602	Renvideuse 133421
Azurée	159245	grise	1922	Royal 133913	Rizerie 135913
Azurine	159247	noire	1922	Salasc 139347	Résingle 135655
Azurite	156810	grise	1922	Quaduc 129371	Prêtrise 126270
Azyme	159248	gris-clair	1922	Quompromis 132024	Lausanne 102888
Azymique	159250	gris-foncé	1922	Salasc 139347	Jezabel 98255

IMPRIMERIE L. HAMARD, NOGENT-LE-ROTROU